POUR UNE CLASSE RÉUSSIE

POUR UNE CLASSE RÉUSSIE EN MS

Marie-Christine Looten
Anne-Marie Moulat

Équipe animée par Yvette Jenger

LIVRET PÉDAGOGIQUE

NATHAN
pédagogie

140

POUR UNE CLASSE RÉUSSIE EN MS

Marie-Christine Looten
Anne-Marie Moulat

équipe animée par Yvette Jenger

LIVRET PÉDAGOGIQUE

NATHAN
pédagogie

Sommaire

ISBN 2.09.177874-5

Introduction

La moyenne section est pour la majorité des enfants de maternelle leur deuxième année de scolarité. Cette situation seconde confère à cette classe son propre statut : elle constitue une sorte de transition, de passage, de pause.

L'enfant qui fréquente cette section est déjà habitué à l'école, débarrassé des premières angoisses de la séparation d'avec la mère ; il n'est pas encore tendu, mobilisé vers les apprentissages que la grande section met en branle. La seconde enfance peut, à la faveur de cette année de transition, s'épanouir dans sa pleine spécificité. Les grandes peurs dépassées, l'enfant peut, en moyenne section, développer toute la vigueur de son imagination, s'exprimer grâce à une certaine maîtrise du verbe dont il use jusqu'à l'ivresse, s'approprier le monde par son action débordante. Aucun impératif de socialisation ou de survie ne vient freiner son formidable besoin de création et d'exploration.

Autour de sa quatrième année, l'enfant accède à une sorte d'oasis d'équilibre qu'il ne retrouvera peut-être, si tout se passe bien d'ici là, qu'à la fin de l'adolescence. Cette période miraculeuse ne dure guère plus d'une année : l'enfant de quatre ans est alors d'une grande aisance dans son corps et en harmonie satisfaisante avec le monde. D'une habileté manuelle surprenante, d'une grande maîtrise gestuelle, il apprend très vite le maniement des outils usuels (scie, marteau, tenailles, pince, tournevis, etc.). Tout se passe bien pour lui comme si le désir de faire et le passage à l'acte s'effectuaient dans un continuum sans hiatus.

Face au monde, l'enfant de quatre ans est débarrassé de l'incompréhension du petit de trois ans. Désormais, le monde est là pour être expliqué ; et il l'explique avec la faconde et la facilité des jeunes princes. Bien dans son corps, bien dans sa tête, il est maître de lui comme de l'univers. L'atmosphère de ces classes est tonique, optimiste, victorieuse. L'enseignant accompagne ce rayonnement, cette joie enfantine, en s'efforçant de leur donner tout leur accomplissement.

Mais déjà commencent à poindre le souci des permanences, la possibilité des incertitudes, l'éventualité des aléas. En même temps que s'extériorise l'euphorie explicative, se met en place un essai d'expérimentation. Toutes les situations vécues en moyenne section présentent pour les enfants un double aspect : assumées dans leurs complexités, elles sont l'occasion de mobiliser toutes les ressources d'une intelligence vive et inventive ou de percevoir et de comprendre ; elles sont aussi l'occasion d'investir la capacité à tout expliquer par un recours à une fantaisie qui ignore cloisonnements et catégories. Tout l'art des maîtres de cette classe consiste à accompagner le passage de la magie explicative à la recherche organisée de l'explication.

Pierre DUFAYET

I. Comment s'informer ?

1. S'INFORMER SUR L'ÉCOLE

PRENDRE CONTACT

Téléphonez dès votre nomination pour prendre contact avec l'école et fixer un rendez-vous avec le directeur ou la directrice.

Informez-vous sur le niveau de la classe dans laquelle vous êtes nommé, ainsi que sur les horaires de l'école. S'il s'agit d'une nomination à l'année, vous n'avez aucunement la possibilité d'exercer un choix quant au niveau d'enseignement, néanmoins, il est de votre devoir d'informer le directeur sur votre situation administrative, votre ancienneté, vos expériences pédagogiques antérieures, vos stages, vos compétences, vos préférences.

Quel est le projet d'école ? Quelles en sont les conséquences pour votre classe ? La situation ne sera pas la même selon que vous prenez la classe pour l'année, ou effectuez un remplacement court. Votre implication devra être cependant pleine et entière quelle que soit la durée de votre séjour dans l'école, mais elle n'aura pas les mêmes objectifs.

DES QUESTIONS À POSER

• *Sur le fonctionnement de l'école*

Quel est le reglement intérieur de l'école ? (Demandez une copie.)

Comment l'équipe a-t-elle établi les horaires d'entrée, de récréation, de sortie ?

Quel est le tableau de services des maîtres ? (Il doit être affiché dans la classe.)

Est-il d'usage que les enfants de MS dorment l'après-midi ? Si oui, lesquels ? Comment est organisée la surveillance ? Quels sont les horaires ?

Y a-t-il des précautions particulières à prendre (cour dangereuse, coins difficiles à surveiller, clôture basse ou inexistante, etc.) ?

Comment est géré l'argent à l'école ? Qui gère les comptes de la coopérative scolaire ? Devez-vous percevoir l'argent de la cantine ? de l'accueil pré- ou postscolaire ?

Comment est assurée la communication à l'intérieur de l'école (circulaires, notes de services, téléphone...) ? Comment se passe la communication avec les familles (cahier de correspondance, affichages...) ?

• *Sur les lieux*

Quels sont les usages de circulation dans l'école ?

Où est située la cantine ? Quels enfants y déjeunent ? Il est important de voir la cantinière.

Y a-t-il une bibliothèque d'école ? Quel est son planning d'utilisation ? Quel est le créneau affecté à votre classe ?

Y a-t-il des ressources annexes (gymnase, salle d'ordinateurs en commun avec l'école élémentaire) ? Y a-t-il une salle de projection ?

Y a-t-il une salle des maîtres ? Quelles en sont les habitudes ?

• *Sur le matériel*

Le matériel de motricité : où se range-t-il ? Explorez-le afin de prévoir vos activités, d'y adapter vos projets. Les enfants mettent-ils des chaussons ?

Y a-t-il du matériel entreposé à l'extérieur (patinettes, patins à roulettes, gros porteurs...) ?

Où se range le matériel d'éducation musicale ? Est-il collectif ou réparti dans les classes ? Comment fonctionnent les appareils collectifs (chaînes, projecteurs, magnétophones) ?

Comment et par qui est assurée la gestion des fournitures ?

Le matériel de reproduction a-t-il un usage réglementé (horaires, quotas) ? Comment fonctionne-t-il ?

DES PERSONNES À RENCONTRER

• *La directrice*

La directrice vous apportera toutes les informations utiles qui vous permettront d'éviter des recherches, des erreurs ou des bévues. Elle vous indiquera quelle pédagogie est pratiquée dans l'école ainsi que des renseignements sur l'équipe, le projet d'école, les sorties prévues.

Faites-vous remettre la liste des personnes autorisées à venir chercher les enfants de votre classe et faites-vous préciser si certains se retrouvent en situation familiale délicate. La directrice doit vous informer très précisément sur les familles séparées ou en instance de divorce et vous indiquer quel parent a le droit de garde.

• *Les collègues*

Vous êtes le dernier ou la dernière entré(e), certains sont là depuis vingt ans ou plus, vos collègues peuvent témoigner sur l'environnement de l'école, la sociologie du quartier, son évolution, les liens avec l'école élémentaire.

• *Les ATSEM*

Combien sont-elles dans l'école ? Quelles tâches scolaires et extrascolaires doivent-elles assurer ? Quels sont les horaires de celle affectée à votre classe ?

Chargées de l'aide matérielle et des soins corporels des enfants, de l'entretien des locaux, elles n'ont aucune fonction d'enseignement et ne peuvent en aucun cas être directement responsables des enfants. Certaines communes les recrutent avec un CAP Petite enfance et assurent leur formation continue auprès d'organismes spécialisés, d'autres réservent ces emplois aux cas sociaux de la commune. Les situations sont très variées. La référence constante reste le maître, membre de l'Éducation nationale, seul responsable de la pédagogie, du respect des textes officiels, de la sécurité des enfants.

• *Les animateurs*

Ils sont employés par les collectivités territoriales pour encadrer les enfants pendant les accueils pré- ou postscolaires, les cantines, les temps de loisirs du mercredi et des petits congés. Cette fonction peut parfois être assurée par des ATSEM, des CES, voire des membres de l'Éducation nationale qui dans ce cas deviennent des agents municipaux.

• *Le réseau d'aides spécialisées aux élèves en difficulté (RASED)*

Le RASED peut être implanté dans l'école ou le groupe scolaire. Il peut comprendre un psychologue, un ou plusieurs rééducateurs, un ou plusieurs maîtres. Les nouveaux textes de loi les incitent à être de plus en plus vigilants quant à la prévention et aux difficultés potentielles. Ils peuvent donc être amenés à intervenir en MS et leur aide peut être très efficace. Ils ont souvent un projet de réseau, une plaquette de présentation ; il est indispensable de prendre contact.

Le psychologue scolaire peut aussi, à la demande du maître, apporter son concours dans l'observation des enfants difficiles.

Dès la MS, certains enfants peuvent avoir fait l'objet d'un passage en CCPE, vous devez en être informé. Certains enfants peuvent en effet souffrir d'un handicap physique ou intellectuel, il faut le savoir. Certains encore peuvent faire l'objet d'une intégration scolaire, de soins pendant le temps scolaire.

« L'école maternelle constitue un point d'observation et un terrain d'action privilégiés pour tous les personnels chargés de la prévention et du dépistage des difficultés potentielles, que ce soit dans le domaine social ou dans celui de la santé (service de santé scolaire, protection maternelle et infantile, aide sociale...). Les enseignants ont appris à apprécier la réalité des difficultés des enfants. Ils sont sensibles aux variations de leur développement où alternent avancées, régressions, stagnations. C'est pourquoi, en liaison avec leurs collègues des réseaux d'aides spécialisées, ils jouent un rôle premier dans la détection précoce des déficiences et dans la prévention des handicaps. »

• *Le médecin de l'Éducation nationale, l'infirmière de secteur*

L'école relève d'un secteur dépendant d'un médecin. Il faut s'informer de son nom, des lieux et heures de sa permanence téléphonique. Toute action concernant un enfant doit toujours se faire en concertation avec l'équipe pédagogique et après accord du directeur ou de la directrice.

Le médecin se doit d'intervenir en urgence dans le cas de soupçons de mauvais traitements (traces suspectes).

2. S'INFORMER SUR LA CLASSE

SURVEILLANCE, ACCUEIL, RESPONSABILITÉ, SÉCURITÉ ET INTERVENANTS EXTÉRIEURS

• *Les intervenants extérieurs*

La participation d'intervenants extérieurs relève toujours du choix et de la volonté du maître, en fonction d'un cadre réglementaire qui précise son rôle et celui des autres participants.

> « Certaines formes d'organisation pédagogique nécessitent la répartition des élèves rendant impossible une surveillance unique.
> Dans ces conditions, le maître, tout en prenant en charge l'un des groupes ou en assurant la coordination de l'ensemble du dispositif, se trouve déchargé de la surveillance des groupes confiés à des intervenants extérieurs [...] sous réserve que :
> – le maître, par sa présence et son action, assume de façon permanente la responsabilité pédagogique de l'organisation et de la mise en œuvre des activités scolaires ;
> – le maître sache constamment où sont ses élèves ;
> – les intervenants extérieurs aient été régulièrement autorisés ou agréés [...] ;
> – les intervenants extérieurs soient placés sous l'autorité du maître. »

• *Les parents d'élèves*

> « En cas de nécessité et pour l'encadrement des élèves au cours des activités scolaires se déroulant à l'extérieur de l'école pendant le temps scolaire, le directeur peut accepter ou solliciter la participation de parents volontaires agissant à titre bénévole.
> Il peut également, sur proposition du conseil des maîtres de l'école, autoriser des parents à apporter au maître une participation à l'action éducative.
> Il sera précisé, à chaque fois, le nom du parent, l'objet, la date, la durée et le lieu de l'intervention sollicitée. »

Le maître est responsable de sa classe. Il n'y a pas d'exception à cette règle. Lors des activités de groupes, lorsque certains mènent des recherches en BCD, de façon générale, à chaque fois que des élèves ne sont pas sous son regard, l'enseignant doit pouvoir à tout instant s'assurer des conditions de sécurité de chacun.

> « La surveillance des élèves pendant les récréations, l'accueil et la sortie des classes impliquent la présence de maîtres dont le nombre et la répartition dans l'espace à surveiller sont fonction des effectifs et de la configuration des lieux et que tous les maîtres (y compris le directeur, même déchargé de classe) doivent assurer par roulement la surveillance des récréations.
>
> S'agissant des cas particuliers que peuvent représenter certaines activités (classes de découvertes, sorties à l'extérieur de l'école, activités de groupes entreprises avec la participation d'intervenants extérieurs, bibliothèques, centres documentaires, activités physiques, etc.), la surveillance des élèves doit être adaptée aux risques spécifiques encourus dans chaque situation. [...] Il est nécessaire de souligner également l'importance du rôle pédagogique des enseignants dans l'acquisition des règles de sécurité et de sociabilité, qui doivent aboutir à des comportements responsables au sein du groupe qu'ils constiotuent. »
>
> *BO n° 46 du 21 décembre 1989.*

Tout projet pédagogique, en MS, vise à améliorer la qualité de socialisation et de scolarisation des élèves. L'établissement des règles, qui se traduit fréquemment dans les classes par la rédaction collective de chartes, de règlements de classe, permet aux enfants de mieux expliciter les principes de fonctionnement du groupe classe. Cette loi écrite, cette référence, a une importance indéniable. C'est cependant dans les situations vécues (d'entraide, d'échange, de coopération) qu'elle est traduite en actes, ce qui constitue la condition nécessaire de son intégration par les élèves.

LES AFFICHAGES DANS LA CLASSE

• *Les affichages réglementaires*

Rassemblés en un lieu où ils pourront être rapidement consultés, ils consistent en :
– un emploi du temps,
– des répartitions annuelles,
– un tableau des âges,
– un planning d'occupation des salles,
– un tableau de services des maîtres,
– un tableau de consignes d'évacuation en cas d'incendie.

• *Les affichages pédagogiques*

Il s'agit d'abord des productions individuelles et collectives que la classe souhaite garder, mettre en valeur pour porter témoignage. Ils rendent la classe vivante, agréable, accueillante. Il faut veiller à leur actualité et savoir les renouveler régulièrement. Il s'agit aussi de repères dont le but est l'aide. Ils sont mis en place par le maître en fonction de ses objectifs pédagogiques.

Par exemple, les six premiers chiffres et les constellations ou collections qui s'y rapportent peuvent être affichés en MS dès lors qu'ils ont été l'objet d'activités spécifiques. Ils serviront de référence lors de jeux mathématiques autonomes.

Le dernier support d'hypothèses de lecture (affiche, texte, programme) constitue un autre exemple de ce qui peut être conservé et affiché avec les mots repérés qui font maintenant partie du corpus connu.

Tous ces repères seront l'objet d'un soin attentif quant à leur présentation et leur mise en page. Le lieu d'affichage sera soigneusement envisagé en fonction du rôle, de l'importance, de l'actualité des productions. Il faut collectivement et régulièrement procéder au « ménage » de la classe, à son rangement, afin de réactualiser les affichages pédagogiques.

LES OUTILS DE LA CLASSE

• *Le bureau du maître*

Meuble encombrant, il ne devrait avoir d'utilité que pour :

– poser le matériel nécessaire aux activités,

– permettre au maître de se reporter de temps à autre à sa préparation de classe,

– rassembler les productions en fin d'activité.

D'ailleurs, beaucoup d'instituteurs l'ont compris puisque sa place est souvent contre un mur ou au fond de la classe.

La place de l'adulte est d'être au milieu des élèves, disponible pour tous et prêt à aider chacun.

Son rôle est aussi de circuler pour mettre en route et vérifier le travail des enfants, d'encourager et de soutenir chacun dans ses démarches.

• *Les rangements*

Des étagères à hauteur des enfants, le long des murs, permettent des rangements autonomes du matériel dans des boîtes munies d'étiquettes, il est à disposition pour le bricolage ou les activités artistiques. Chaque enfant dispose d'un dossier pour ranger ses dessins, ou d'un album relié. Le maître installe une boîte (ou un casier) avec un repère permettant à chaque enfant d'y déposer ses différentes productions après y avoir marqué la date avec le tampon encreur et collé l'étiquette sur son prénom. Il est souhaitable qu'en MS on entraîne les enfants à coller eux-mêmes, lors d'un moment spécifique dans la semaine, leurs travaux dans leur album : c'est une activité à part entière.

• *Le tableau*

Le tableau est un outil pédagogique important. Les différents affichages doivent être mobiles (aimants, gomme fix) de façon à s'ajuster au plus près de l'activité en cours (étiquettes, tableau de présences, jours de la semaine, météo, calendrier). Le tableau est un support pour l'analyse collective de situations (affiche, documents, écriture, texte, consignes, problème). Il doit être visible de tous sans fatigue. Le maître y écrit sous la dictée des enfants des informations importantes, des textes. C'est le support de la mémoire de ce qui se dit ou se fait chaque jour. Tout ce qui y est écrit par le maître doit être irréprochable. C'est un modèle sous les yeux de tous.

φ

II. Comment être efficace ?

1. LES PREMIERS JOURS

LE JOUR DE LA RENTRÉE

C'est un moment capital où se nouent les premières relations avec les enfants. Tout le monde est ému ! Le maître se présente et règle ses rapports avec les enfants (il fixe la façon dont il se fait appeler), puis il demande aux enfants de se présenter devant les autres enfants. Première règle de vie de la classe : s'écouter et prendre en compte la parole de l'autre. Ainsi, dès la rentrée, chaque enfant est autorisé à exister en tant qu'individu à part entière ayant droit de parole et d'écoute.

Il faut ensuite présenter la classe et prendre le temps d'en faire le tour afin que chacun repère les coins et les activités qui s'y dérouleront. Prendre de bonnes habitudes est capital, c'est pourquoi le maître donnera, dès les premiers jours, le temps aux enfants de ranger le matériel, et il fixera le niveau sonore acceptable lors des activités.

LE PREMIER JOUR DE CLASSE

Cette première journée doit être reçue comme une véritable journée d'école, aussi faut-il la préparer avec soin, sans temps mort, sans désœuvrement. Après avoir fait l'appel et noté les présences sur le registre, la classe doit commencer. Lors de la présentation, les enfants se nomment (prénom et nom) : en MS, ce n'est pas évident pour tous. Le maître aide les plus hésitants à l'aide du cahier d'appel.

Il est bon aussi de familiariser l'enfant avec l'écriture de son prénom. Le maître aura préparé des étiquettes individuelles sur le tableau de présence. Des photos viendront rapidement s'associer aux étiquettes.

• *Les premières activités*

Une séquence de langage s'impose et permet à chacun de s'exprimer sur les activités de la classe précédente, de se projeter dans les activités de la classe qui commence. On peut aussi favoriser la narration des vacances ou d'un moment de vécu familier. L'enfant apprend à s'exprimer, à écouter, à être écouté. Le maître observe les niveaux de langue.

Un dessin libre peut suivre, il inaugurera l'album des productions graphiques de l'année. Un poème peut être présenté (lu puis commencé à être mémorisé) ; bien choisi, il peut marquer les consciences en ce début de nouvelle année. Trop de choses nouvelles sont effrayantes : il serait bon que, pour les comptines et jeux de doigts, le maître puise dans le répertoire habituel de la PS afin que la plupart des enfants soient en terrain connu et heureux de se souvenir.

Une première activité connue aura lieu sous forme de parcours ou avec du petit matériel. Le maître aura préparé une histoire à raconter, un conte à dire ou à lire. Une activité d'arts plastiques pour l'après-midi peut être organisée. Le beau temps peut aider à proposer des rondes ou des jeux d'extérieur. La journée s'achèvera par un retour au calme pour faire le bilan des premières activités et se projeter dans celles du lendemain.

LES JOURS SUIVANTS

Dès le lendemain, le maître présente et commente l'emploi du temps qu'il a arrêté. Celui-ci sera évolutif en fonction de la période de l'année, de la fatigabilité des enfants, des projets en cours mais il doit être rapidement fixé pour rassurer et permettre d'installer les rites de classe.

Un premier projet de classe peut être lancé rapidement. Le maître doit s'efforcer d'y faire entrer les enfants afin que, peu à peu, ils l'investissent et le reconnaissent comme leur projet. Il doit être une déclinaison du projet d'école quant aux objectifs travaillés et revêtir un aspect stimulant pour les enfants. Par exemple, si le projet d'école est de développer la communication orale en favorisant la prise de parole, le support choisi peut être l'étude des divers moyens de transport. La MS peut engager un travail sur la mer et les bateaux qui permettra de donner sens et cohérence aux différentes activités et d'intégrer les diverses compétences à travailler.

Les règles de vie de la classe sont à installer dès les jours suivants. Chacun a ses exigences, son niveau de tolérance. Il est important que les enfants les connaissent afin de situer les limites de leur comportement. Ces règles ne sont pas imposées par le maître ; les enfants ont déjà été scolarisés, ils connaissent implicitement les règles de la vie en commun. Il suffit de leur demander de les exprimer ; elles deviendront la charte de la classe que chacun doit respecter.

2. ORGANISER LE TEMPS

En fonction des indications fournies par le directeur ou la directrice, il est bon de construire un emploi du temps en tenant compte de l'âge des enfants : souvent une MS accueille des petits et des enfants de 4 à 5 ans. On ne négligera pas l'usage de lieux spécifiques et leur planning d'utilisation : BCD, gymnase ou piscine, salle d'informatique.

L'EMPLOI DU TEMPS

L'emploi du temps doit être établi et affiché par le maître. Pour autant, il ne peut, en MS, être considéré comme un carcan. Le maître doit adapter son projet pédagogique à la capacité d'attention et de réceptivité de la classe. Ces éléments varient nécessairement tout au long de l'année, l'activité pédagogique n'est qu'un long ajustement, entre l'indispensable souplesse de la PS et la nécessaire structuration de la GS. Il est donc important que soient mis en place des systèmes simples de repérage du temps et une appréciation progressive des durées.

L'emploi du temps va permettre à l'enfant de se situer dans la demi-journée, puis dans la journée et la semaine, d'organiser des projets dans le temps. Cela amène à anticiper, à émettre des hypothèses sur la nature des activités qui vont lui être proposées. Il commence à prévoir que l'on ne fait pas la « même chose » le matin et l'après-midi, avant et après la récréation et que ces différentes activités ne sont pas le fruit du caprice d'un maître mais bien l'expression d'une réflexion pédagogique, d'un projet mûrement pensé et organisé dans lequel il a un rôle actif à jouer. Les moments exceptionnels, ceux qui bousculent sensiblement l'emploi du temps (photographe, spectacle, sorties), sont précieux car ils permettent de situer l'ordinaire, le régulier par rapport à l'extraordinaire : le temps se construit alors par comparaison.

Cela n'est pas sans conséquence sur le travail de préparation du maître qui, tout en ayant mûrement préparé sa classe, doit être en mesure de faire face à toute éventualité. Il n'est pas question en MS d'aller coûte que coûte au bout de sa préparation alors qu'on a perdu l'attention de la plupart des élèves. Il faut dès la préparation envisager des alternatives, en prévoyant d'autres activités et le matériel. Pas d'improvisation donc, elle déstabilise les enfants, rompt le consensus, la confiance, le rythme de la classe, si difficiles à installer.

p

L'EMPLOI DU TEMPS EN CLASSE DOUBLE PS/MS

Voir le tableau ci-après

1. Le temps de concentration n'est pas de même durée pour les activités en ateliers. Les petits doivent pouvoir les quitter plus vite.

2. Il faut ménager pour les MS des temps repérés de jeux. Il ne peut s'agir d'un « bouche-trous ». Les enfants doivent avoir le temps de s'installer dans le jeu, qu'il soit d'imitation ou éducatif.

3. Le dessin libre doit avoir aussi un statut. Il peut se faire sur un album, cela permet de voir l'évolution. L'enfant peut le feuilleter, se souvenir, le maître peut repérer des centres d'intérêt, des réinvestissements, des transferts.

4. Le créneau 15 h 30-16 h 30 est un moment favorable à la concentration et aux apprentissages intellectuels; cela doit donc être un moment fort. Mais il ne faut pas oublier que l'enfant doit avoir le droit et les moyens de rêver, de ne rien faire, de décompresser pour mieux se reprendre et se réinvestir. La pression d'une journée de classe en moyenne section, sans la coupure de la sieste, est forte, surtout en début d'année pour des enfants nés en fin d'année.

L'EMPLOI DU TEMPS EN CLASSE DOUBLE MS/GS

Voir le tableau ci-après

1. Veillez à laisser les MS investir les jeux de façon autonome tout en respectant le travail des GS et du maître qui doit pourtant pouvoir partager de temps en temps ces moments avec les moyens.

2. Le dessin doit garder une place précise. Il est essentiel que, dans une classe de MS/GS, les moyens s'expriment librement par le dessin, que cette activité soit valorisée et valorisante et non pas occupationnelle.

3. Dans les ateliers, il peut être utile de regrouper autour de tables les moyens afin que, lorsqu'ils quittent les ateliers avant les grands, ils ne perturbent pas le travail commencé.

4. Certains moments collectifs (langage, conte, etc.) seront plus longs et plus denses de par la présence des grands. Le maître devra les gérer avec doigté de façon que les moyens restent attentifs et motivés. Ces moyens pourraient quitter le rassemblement collectif pour commencer les ateliers avant les grands si toutes les dispositions sont prises pour que leur travail puisse commencer sans le maître (matériel, consigne, autonomie).

EXEMPLE D'EMPLOI DU TEMPS EN CLASSE DOUBLE PS/MS

8 h 20 → 8 h 45
Accueil individualisé – Collation possible
MS → Tableau des présents (autonome)
PS → Moment d'échanges, de langage individualisé puis jeux

8 h 45 → 8 h 55
Rangement des jeux libres

8 h 55 → 9 h 10
Regroupement : comptine, chants, jeux de doigts
Appel (contrôle du tableau pour les MS)
Date – Plan d'activités du jour
Moment de langage libre ou dirigé

9 h 10 → 9 h 40
MS → Ateliers
PS → Ateliers puis coins jeux d'imitation, construction, bibliothèque

9 h 40 → 9 h 50
Rangement des ateliers – Synthèse des travaux – Bilan

9 h 50 → 10 h 15
Motricité collective

10 h 15 → 10 h 30
Collation possible – Habillage

10 h 30 → 11 h
Récréation

11 h → 11 h 15
Comptines – Histoires lues ou racontées – Diapos

11 h 15 → 11 h 30
Jeux libres jusqu'à la sortie

13 h 30 (ou avant) → 14 h 30
PS → Dortoir
MS → Ateliers (après possible moment de repos)

14 h 30 → 15 h
Conte – Dessins libres

15 h → 15 h 30
Récréation ou moment d'expression corporelle en salle

15 h 30 → 16 h 20
Jeux libres et/ou activités graphiques – Bilan de la journée

16 h 20 → 16 h 30
Rangement

φ

EXEMPLE D'EMPLOI DU TEMPS EN CLASSE DOUBLE MS/GS

8 h 20 → 8 h 40

Accueil individualisé – Collation possible – Jeux éducatifs

8 h 40 → 8 h 55

Regroupement : appel, date, emploi du temps du jour
Récapitulation des travaux en cours
Comptines – Chants – Jeux de doigts

8 h 55 → 9 h 30

Motricité

9 h 30 → 9 h 45

GS → Ateliers
MS → Ateliers puis jeux d'imitation

10 h 20 → 10 h 30

Rangement – Bilan des activités – Collation possible

10 h 30 → 11 h

Récréation

11 h → 11 h 30

Lecture d'histoires – Dessins libres ou non (illstrations...)

13 h 30 → 13 h 45

Entretien – Comptines – Jeux – Créations poétique ou musicale

13 h 45 → 14 h 30

GS → Ateliers
MS → Ateliers puis jeux

14 h 30 → 14 h 45

Rangement – Bilan puis projet pour le lendemain ou la semaine

14 h 45 → 15 h 15

Récréation ou expression corporelle en salle

15 h 45 → 16 h 15

Contes – Diapos – Vidéo – Documentation dans le cadre du projet de classe

LES COINS-JEUX

En PS, l'espace devait répondre au besoin important de déambulation : il devait être donc vaste et peu encombré, permettant le déplacement d'engins porteurs. Les coins étaient centrés sur les jeux d'imitation (cuisine, chambre). En MS, les choses évoluent : des espaces spécifiques doivent être délimités comme l'espace-graphisme, des espaces individuels sont aménagés : chaque enfant a maintenant sa table et sa chaise repérées par son prénom étiqueté. Les espaces-rangements sont bien identifiés voire codés, cela peut donc faire l'objet d'activités spécifiques. Les affichages prennent place autour du tableau : calendriers, météo, tableaux de présence, horloge du temps ; tout cela est utilisé très régulièrement et constitue les références permanentes du maître et des élèves.

L'aménagement de l'espace-classe est très important pour les enfants. Il doit être à la fois un milieu attrayant, agréable où il fait bon vivre et se retrouver ; il doit être aussi stimulant, fonctionnel, répondre aux objectifs éducatifs du maître ainsi qu'aux besoins des enfants.

Le maître de MS tient le plus grand compte des intérêts et des capacités de l'enfant : il lui propose des activités diversifiées, mais il l'aide, peu à peu, à changer, à « passer d'une expérience peu organisée à une activité construite ». Parce qu'il connaît bien l'enfant, il l'aide à produire un effort à sa portée, à utiliser les savoirs acquis et « lui donne, à bon escient, des occasions de se dépasser. Il lui apprend à aller jusqu'au bout de sa tâche ». On voit que le regard et l'action du maître changent, que l'école s'affirme en tant que telle, lieu où les savoirs se construisent, les apprentissages se structurent dans la variété et la richesse.

Certains espaces en MS sont aménagés progressivement au cours de l'année, liés à une sortie ou à une activité spécifique. Il est intéressant, notamment, de commencer une « table de vie » où peuvent être exposés et sans cesse renouvelés les cueillettes d'automne, les collections temporaires, la documentation liée à certains projets, ou bien quelques beaux objets prêtés par une famille. Lorsque le temps lui est donné, l'enfant peut manipuler, admirer, partager des impressions. Cet endroit peut être le lieu de conservation temporaire d'objets fabriqués intéressants ou remarquables (pâte à sel, terre, bricolage...). On va vers la réalisation d'un musée collectif qui permet d'apprendre à exprimer ses sentiments, de manifester ses idées, d'éprouver sa capacité à créer, à admirer, à respecter.

Le moment de la journée et le temps passé dans les coins sont variables selon les enfants et selon les activités qui les ont précédés. La régulation n'est plus de mise : la fréquentation peut faire l'objet d'une autorégulation car l'intériorisation des règles de vie commune se met en place. La perception des autres se conscientise, le langage intervient comme élément de régulation. Le temps passé est plus court mais doit être repéré. Il ne faut pas envoyer les enfants dans les coins cinq minutes avant la récréation, la sortie, ou un changement d'activité. Il ne s'agit pas ici de délestage ou de bouche-trous, encore moins d'un palliatif à la différence des rythmes d'exécution de tâches. Les jeux dans les coins doivent avoir le temps de s'installer, de se développer, de se structurer. Le temps de jouer est un vrai temps comme jouer est une véritable activité.

• *Le coin-bibliothèque*

Il est très apprécié des enfants et doit être aménagé avec soin. Les livres et albums y sont présentés sur des étagères ou des bacs. Les enfants apprennent à les retrouver en fonction de divers critères proposés par le maître.

• *Le coin-bricolage*

Il permet de s'essayer à l'assemblage de matériaux divers en trois dimensions, de manipuler des outils variés qui, sans être dangereux, ressemblent de moins en moins à des jouets et de plus en plus à des outils véritables (marteau, tournevis).

• *Le coin-marionnettes*

Il doit retenir notre attention car il est plus rare. Le castelet est simple à construire, quelques marionnettes suffisent et plus elles seront élémentaires, plus elles stimuleront l'imagination langagière des enfants. Manier et faire vivre des marionnettes entraînent une production stupéfiante. Les enfants vivent et expriment des situations publiques ou privées et par là même, en les extériorisant, les exorcisent. Certains enfants incapables de prendre la parole en grand groupe pourront le faire à l'abri du castelet. Des situations psychologiquement angoissantes peuvent ainsi se débloquer. Ce coin sera ouvert de préférence l'après-midi et pourra faire l'objet d'un projet collectif.

• *Le coin-déguisement*

Si les jeux d'imitation ont encore leur place, la surface à leur consacrer diminue au profit de coins plus structurants. Le coin-déguisement apparaît avec l'indispensable miroir. Il développe l'imagination et la création (un atelier peut l'alimenter en objets) ainsi que la socialisation. On se déguise pour se voir et se faire voir, on discute et on admire les autres, on trie et on se partage les accessoires disponibles. La perception s'affine ainsi que l'habileté manuelle fine, l'acquisition du schéma corporel avance à grands pas.

4. QUELQUES PRINCIPES FONDAMENTAUX DE FONCTIONNEMENT DE LA CLASSE

LES NOTIONS DE THÈME ET DE PROJET

Traditionnellement, l'organisation à l'école maternelle se faisait sous la forme de thèmes qui s'égrenaient au fil des saisons. L'automne voyait renaître la collecte des champignons, feuilles, glands et marrons et le maître articulait langage, initiation aux mathématiques, travaux manuels et artistiques, graphisme et même quelquefois activités motrices à partir de ce thème. Ce mode de travail avait l'avantage de créer une cohérence, de croiser les approches, de renforcer les apprentissages et de permettre au maître de mieux assurer un pilotage de sa classe ; il ne donnait pas sens à la démarche dont seul le maître était garant. Ces enfants recevaient, adhéraient sans être moteurs.

Le projet s'inscrit dans une tout autre dynamique : il se réfère au principe de placer l'enfant au cœur du système éducatif. Cela correspond à une révolution copernicienne qui déplace la centration de l'acte éducatif. Le thème est choisi et imposé par le maître et décliné en activités. Le projet pédagogique se définit par une réalisation précise à mener à son terme, nécessitant une organisation rigoureuse et programmée dans le temps. Il implique la mise en œuvre d'un processus particulier et doit répondre à une nécessité.

Il s'agit de donner du sens aux activités scolaires. Ainsi, les apprentissages sont repérés et deviennent indispensables à l'aboutissement du projet. Les enfants comprennent ce dont ils ont besoin, sont capables de le verbaliser et même de le demander. Le problème de la motivation ne se pose plus réellement, puisque c'est l'enfant qui est demandeur d'apprentissages. On se situe dans une dynamique de construction de savoirs, dans la perspective d'une réalisation. Le maître reçoit les demandes, les trie, les ordonne et aménage des situations pédagogiques ainsi qu'un échéancier afin de permettre aux enfants de faire aboutir leur projet. Cela peut aller de décorer la classe pour Noël à écrire à monsieur le maire pour demander des jeux de cour et ainsi nécessiter des apprentissages très variés. C'est le projet qui assure la cohérence de la démarche ; les liens entre les apprentissages sont logiques et naturels. L'enfant se perçoit comme acteur, producteur et réalisateur. Il perçoit et identifie des objectifs opérationnels là où le maître a mis en œuvre des objectifs pédagogiques clairs et repérés dans le projet de cycle 1.

LA NOTION D'ÉCOLE CENTRÉE SUR L'ENFANT

Les textes de 1995 sont clairs même s'ils changent quelque peu nos habitudes de pensée et si certains mots nouvellement apparus à propos de l'école maternelle peuvent surprendre. L'enfant est donc au cœur du système éducatif, c'est un enfant-acteur associé ou même promoteur du projet pédagogique, partie prenante dans l'évaluation de ses compétences, conscient de ce qu'est une école, de la raison pour laquelle il est là. Ce texte dit : « Il découvre progressivement son métier d'écolier sans perdre son statut d'enfant. »

Parler de « métier d'écolier » quand on se réfère à un enfant de 4 ans peut choquer, car il évoque ce monde du travail qu'on voudrait éloigner de la petite enfance. Mais il ne s'agit pas de faire de l'enfant un « manœuvre », un exécutant, bien au contraire : « Acteur de la communauté scolaire, il doit y assumer des responsabilités à sa mesure. » C'est bien le côté noble du métier qui est mis en valeur avec le projet de lui voir acquérir des savoirs et des savoir-faire. La notion fondamentale pour l'enfant est que l'école ait pour lui un sens, condition indispensable pour qu'il y trouve sa place, qu'il en comprenne l'intérêt pour lui maintenant et dans son avenir, qu'il s'y construise comme enfant, futur adulte et citoyen dans une société intelligible.

LA NOTION D'APPRENTISSAGE STRUCTURÉ

Si l'école maternelle est une école qui doit pleinement justifier son appellation, il faut néanmoins bien distinguer la notion d'apprentissage systématique. Certes, les savoirs sont organisés à l'école maternelle mais cette organisation ne peut en aucun cas relever du découpage traditionnel en « disciplines scolaires » qui émergeront plus tard, pour certaines au cycle 3.

De la même façon, il faut écarter la notion de programme (même si c'est le titre des textes officiels) au sens où il implique un calendrier précis et figé, des échéances programmées. L'école maternelle reste le lieu où ce qui prime est l'individuel et le vivant, l'imprévu. Pourtant, l'improvisation n'a pas sa place. Car c'est la rigueur et l'organisation qui sont les garants d'une pédagogie cohérente et progressive. L'apprentissage systématique sera laissé à l'école élémentaire au profit de l'apprentissage structuré qui prend le sens d'organisé, progressif, intégré à un projet, construit et adapté à l'enfant. Le maître respecte les rythmes de vie et d'apprentissage de l'enfant, ses goûts et ses besoins, tout en construisant les apprentissages par des activités structurées.

III. La moyenne section : une place particulière

1. L'ENFANT DE 4 ANS

CE QU'IL EST

• *Un garçon ou une fille*

Dès 3 ans, l'enfant sait dire son sexe, mais c'est vers 4 ans que se perçoivent les différences dans l'évolution psychologique. L'enfant est en plein processus de différenciation. Cela se manifeste dans les jeux d'imitation et de construction, mais aussi de façon très nette par le langage : garçons et filles ne parlent plus des mêmes choses, n'ont plus les mêmes intérêts.

• *Un écolier*

L'enfant de 4 ans a dans l'immense majorité des cas déjà fréquenté l'école. La petite section lui a appris la séparation nécessaire d'avec sa mère ainsi que la joie des retrouvailles. Il a admis le rythme de l'école, est familier des lieux et des personnes. Il identifie et connaît l'usage des différentes salles. Il a appris à vivre avec ses pairs, à partager, à écouter, à obéir. Il sait maîtriser ses affects et attendre. C'est donc un « écolier délicieux ».

• *Un être social*

L'enfant de cet âge est à l'aise dans son corps, il manifeste de la vitalité et un certain équilibre physique. Maître de sa motricité, il court, prend des risques, exécute des mouvements complexes, manie correctement des outils et en est fier. Il commence à lacer ses chaussures et à s'habiller seul, découpe, colle, scie, coupe, trace. Restent à acquérir précision, rapidité, assurance, mais cette nouvelle agilité corporelle contribue à son affirmation de soi, lui apporte la sécurité et donc l'audace.

L'enfant de 4 ans est un turbulent, un risque-tout joyeux qui peut devenir « insupportable », mais heureux de vivre et fier de grandir ; il peut s'insérer dans un groupe social. Il est encore capable de résistances énergiques. Il cherche un équilibre entre l'imitation, l'identification qui l'ancre dans une famille, dans une fratrie, et la revendication d'une personnalité autonome, ce qui peut le rendre autoritaire et capricieux. Il cherche son indépendance.

Il fait des efforts pour trouver sa place au sein de la classe : il se manifeste par des défis, des conflits de proximité comme par des cadeaux, des actes généreux d'amitié et de gentillesse. Il sait faire des concessions, est sensible à la présence ou l'absence d'un pair, mais peut aussi montrer de l'indifférence, voire de la brutalité.

Le maître observe tous ces comportements contradictoires, les régule au sein de la société que constitue la classe. Il se garde de juger, d'étiqueter, car il sait que cette période sensible est capitale dans la construction de la personnalité. Il est important d'aider l'enfant à trouver cet équilibre qu'il cherche à chaque instant.

• *Un actif*

L'enfant de 4 ans veut « faire », il veut agir, créer. Par l'action, il s'affirme maître de son corps qu'il veut encore mieux maîtriser et utiliser. C'est un support de sa personnalité naissante, qu'il réalise dans le faire car il peut ainsi montrer et être fier de ses actes et de ses productions.

CE QU'IL SAIT

• *Se repérer*

Il commence à intégrer le schéma corporel. Cela se voit dans ses dessins : son « bonhomme » évolue, se complète, se met en mouvement. Il est capable de se dessiner en action. Sa représentation graphique devient une image de soi et des autres : il verbalise.

Il commence à se repérer dans le temps et dans l'espace. Il distingue le maintenant de l'avant et de l'après et situe même certains moments les uns par rapport aux autres. Cela renforce son amour des rituels.

Il maîtrise certaines notions spatiales telles que devant, derrière, sur, sous... La latéralité est loin d'être maîtrisée mais les points de repère spatiaux commencent à être fonctionnels. Il prend conscience que ce qu'il ne peut voir existe.

• *Observer*

Il est capable d'attention, de mobilisation. Il commence à savoir observer, c'est-à-dire à percevoir des indices, des détails qui donnent du sens. C'est dire qu'il est aussi capable de s'intéresser à des objets, des phénomènes, même si sa capacité d'attention ne dépasse guère dix minutes. Cela lui permet de distinguer, d'associer, d'établir des rapports, d'identifier des données simples (visuelles ou auditives). C'est ainsi que l'analyse prend sa place comme activité mentale essentielle : elle lui permet d'isoler des éléments, principalement en lecture, pour aboutir à une synthèse qui rendra possible la reconstitution des images, des mots, des ensembles.

• *Parler*

C'est la grande conquête de l'enfant de 4 ans ! L'outil n'est pas encore à la hauteur de son désir. L'articulation, la construction des phrases sont parfois défectueuses mais il veut parler et le fait abondamment comme grisé par ce nouveau pouvoir. Il raconte des faits vécus, des expériences, des observations, des histoires entendues ; il donne du sens à des dessins, des affiches, des illustrations. Son langage s'enrichit, se complexifie. Il veut la parole et la conquiert par la force s'il le faut !

• *Écrire*

Tout au moins, c'est lui qui le dit. En fait, il a repéré le sens de l'écriture, certaines de ses fonctions et meurt d'envie de maîtriser l'outil, autre instrument du pouvoir des grands. Le maître devra utiliser ce désir pour l'aider à maîtriser toutes les étapes indispensables.

Parallèlement, il entre dans le monde de l'écrit, il s'exerce à observer des mots, fait des repérages, prélève des indices visuels, émet des hypothèses, établit des corrélations. Il a repéré qu'il existe des codes et il en maîtrise déjà certains, il les reconnaît et sait les interpréter.

Il sait reconnaître des formes géométriques, les nommer, les trier, extraire les formes des objets, faire des associations. Il sait aussi identifier l'écriture de quelques nombres. Il perçoit l'utilisation que l'on peut en faire. Les notions d'équivalence et d'égalité apparaissent. Il commence à comparer terme à terme des quantités ou des collections d'objets et découvre les notions « autant, plus, moins que... ».

CE QU'IL AIME

• *Jouer*

C'est ce qu'il préfère. Il considère cette activité très sérieusement. C'est un plaisir qui sert de moteur à la plupart des activités. La motivation du jeu suscite l'action. Sa pratique lui permet de découvrir, de mémoriser, de s'exercer, en un mot d'apprendre. C'est une activité tout à fait respectable que le maître doit encourager : « Attribuer une valeur positive au jeu, c'est donc accepter l'enfant en tant que tel, au lieu de le définir comme un non-adulte, un pas-encore-grand [...] le jeu éducatif fait de l'enfant l'agent même de sa propre éducation ; il n'apprend bien que ce qu'il découvre par lui-même. » Si l'enfant aime jouer spontanément, le jeu à l'école fait partie de la pédagogie du maître et doit donc être prévu et organisé. Il répond à des objectifs précis et répertoriés.

Le jeu en MS se développe en effet sous toutes ses formes pour prendre une place centrale dans la construction des savoirs. Pauline Kergomard disait : « Le jeu, c'est la travail de l'enfant. » Mais le jeu est aussi pour lui plaisir et motivation. Pour le maître, il est le support idéal pour développer des compétences spécifiques et repérées. Jeux d'imitation, jeux à règles, jeux sensoriels, jeux de société, jeux de logique, etc., ils sont tous d'excellents supports d'observation, d'évaluation, parce qu'ils mettent en œuvre compétences transversales et compétences spécifiques.

Le jeu et les jeux

Les jeux sont nombreux et variés et ne relèvent pas tous des mêmes caractéristiques. La référence dans ce domaine reste les travaux de Jean Chateau. Nous avons parlé de jeux d'imitation favorisés par l'équipement des coins spécifiques et insisté sur le fait qu'il faut donner du temps pour que le jeu s'installe, se développe à des moments choisis. Mais le jeu n'est pas réservé aux plus rapides (ceux qui ont fini une tâche imposée) et les jeux ne se limitent pas aux imitations.

Ces textes parlent aussi des jeux collectifs, des jeux organisés et des jeux de règles. C'est reconnaître la place fondamentale du jeu dans l'apprentissage. Un congrès de l'AGIEM y a été consacré pour souligner, comme l'a fait Jean Chateau, l'importance, le sérieux, la place du jeu sous toutes ses formes.

Rappelons, par exemple, que le jeu d'imitation, qui implique naturellement une certaine identification avec le modèle, est un moyen puissant pour l'enfant de s'exercer à connaître et à comprendre la perspective d'autrui. En cela, il favorise le développement des fonctions intellectuelles de base et lui permet de dépasser son égocentrisme en isolant clairement le Moi et l'Autre.

En ce qui concerne les jeux de règles, il faut savoir que l'enfant aime la règle en ce qu'elle lui permet de s'affirmer en lui donnant un obstacle à vaincre. Il aime la respecter mais aussi l'inventer ; il faut donc lui en donner l'occasion. On découvre alors la richesse d'imagination des enfants de 4 ans.

Il est clair que le jeu à l'école se différencie du jeu libre. Il s'y déroule dans un cadre précis, se soumet aux règles générales de la vie en collectivité et sous les yeux du maître : il est donc intégré au travail scolaire. L'adulte sait utiliser les forces en action chez l'enfant pour les infléchir dans la meilleure direction. Jean Chateau va plus loin : « Le jeu de nos enfants est une institution adulte. C'est l'adulte qui a prévu la cour de récréation, c'est lui qui se fait le pourvoyeur des règles du jeu et comme le conservateur du trésor des rites enfantins. Lorsque l'adulte faut à ce devoir d'assurer et de favoriser les jeux, l'enfant se montre incapable d'inventer. »

Il existe actuellement de nombreuses publications qui illustrent la place et la valeur du jeu. Jean Chateau en résume l'enjeu : « Si l'école est plus que le jeu, sans l'équilibre venu du jeu, elle n'a guère d'efficacité ; et si elle n'emprunte pas au jeu son élan et ses rites, pour leur donner une plus haute visée, elle ne remplira jamais sa tâche unique d'aider l'enfant à la conquête de l'humanité. »

• *Dessiner*

Il aime se livrer à des activités graphiques. Il sait reconnaître les couleurs et les manipuler, les mélanger, les associer. Ses goûts esthétiques s'affirment, il veut choisir ses instruments. C'est le moment idéal pour le guider vers des jeux graphiques qui vont le mobiliser durablement. Il va s'absorber dans la composition, la répétition, l'alternance d'éléments graphiques et cette activité va l'apaiser, le rassurer, le valoriser.

• *Travailler*

Il aime travailler, c'est-à-dire qu'il prend au sérieux son métier d'écolier, les tâches qu'on lui confie. Il est capable de se mobiliser, de s'absorber durablement dans la réalisation d'objets. Il prend conscience qu'il apprend, qu'il progresse. Il perçoit le projet du maître pour lui et s'efforce d'y participer activement. Il est capable de perfectionnisme lors de coloriages, de constructions d'objets ou de jeux de société.

2. LES RECHERCHES EN CHRONOBIOLOGIE

Les recherches en chronobiologie menées récemment par les professeurs Testu et Montagné aident à mieux comprendre le fonctionnement et les besoins du jeune enfant. Plusieurs expérimentations sont en cours, visant à aménager la journée, la semaine, l'année de l'enfant scolarisé afin de mieux adapter l'offre d'apprentissage à la capacité de réception. Par expérience personnelle, les maîtres de l'école maternelle savent aménager la journée de l'enfant. Ces recherches confirment et renforcent donc leurs intuitions.

Ces travaux permettent de repérer les moments de la journée où l'enfant est le plus réceptif aux apprentissages, où un travail plus structuré et plus mobilisateur peut lui être demandé. Ces moments se situent généralement entre 9 heures et 10 heures le matin, à partir de 15 h 30 l'après-midi. C'est pourquoi il faut placer dans ces créneaux des activités qui mobilisent attention et mémorisation, tout en évitant la surcharge cognitive qui bloquerait tout le processus d'apprentissage. De plus, la journée à l'école maternelle se situe dans un ensemble plus large où interviennent des paramètres individuels : à quelle heure l'enfant se lève-t-il ? Prend-t-il son petit déjeuner ? Fréquente-t-il la garderie du matin, du soir, la cantine ?

L'objectif serait d'aménager, pour chacun, des temps de veille, sommeil, apprentissage, alimentation qui prennent en compte son rythme propre. L'école maternelle fonctionne selon des horaires fixes qui s'appliquent à tous. Néanmoins, par la connaissance individualisée de ses élèves, le maître peut prendre en compte ces paramètres et procéder à certains ajustements.

L'ACCUEIL

L'enfant n'est pas disponible pour des apprentissages fondamentaux tôt le matin. Sa capacité de concentration et d'attention est faible, il mémorise mal. C'est pourquoi un temps d'accueil souple est indispensable. Pourtant, il n'est pas question d'assimiler le temps d'accueil en MS avec celui de la PS. Ils ne remplissent pas les mêmes fonctions.

L'enfant en MS est à l'aise à l'école, il identifie les personnes et les lieux, il connaît les rituels et perçoit le temps. Il faut lui ménager un temps (un quart d'heure paraît une bonne mesure) pour jouer ou pratiquer des activités préparées par le maître (jeux éducatifs, puzzles, dessins dans un cahier spécifique...) qui vont peu à peu l'aider à le « rescolariser », à renouer les relations avec le maître et avec ses camarades. C'est aussi pour le maître un moment précieux de dialogues, d'échanges sur le mode de la convivialité. Le langage du maître reste le modèle à maîtriser ; les structures grammaticales et le lexique sont riches et servent de référence.

Ce moment se prolonge par un rassemblement qui réunit à nouveau les enfants autour d'une activité collective de chants, de comptines : la classe est commencée, toutes les règles de vie s'appliquent. Chacun sait où il est et ce pour quoi il y est. D'ailleurs, très rapidement le maître présente la journée, fait se remémorer les projets en cours. L'attention peut être mobilisée, la concentration augmente.

LA SIESTE

De nombreux maîtres se demandent si elle est encore utile en MS, certains y voient du temps perdu pour les apprentissages. Les chercheurs sont clairs : aucun apprentissage conceptuel ne peut se faire en début d'après-midi et jusque vers 15 heures. Cela ne veut pas dire que la sieste s'impose à tous ! La MS peut, en effet, être composée d'enfants n'ayant pas tous le même âge ; les besoins de sommeil diurne évoluent vite. Il est donc souhaitable de proposer à tous des activités de faible vigilance en début d'après-midi. Cela peut être une courte sieste, un moment de relaxation, des activités calmes où l'enfant-sujet peut gérer lui-même son rythme en fonction de ses besoins.

Ensuite, vers 14 heures, se dégage un moment de temps librement « choisi » où l'enfant peut revenir à des activités, terminer une tâche, en réitérer une autre, reprendre un jeu. C'est le temps du projet personnel où il peut exprimer son désir et le voir respecté, accueilli. C'est une forme de pédagogie du contrat qui aide l'enfant à se rendre autonome mais aussi à construire lui-même certains apprentissages. Cette organisation se heurte à quelques problèmes que nous verrons par la suite.

Lorsque les petits dorment, il est tentant de « profiter » de ce moment privilégié pour envisager des activités d'apprentissage avec le groupe moins nombreux des plus grands, et pourtant ils ne sont pas disponibles. Il faut donc éviter de les bousculer. Cela représenterait pour eux une dépense d'énergie excessive qui épuiserait leurs réserves et ne permettrait pas de profiter du reste de la journée, tout en perturbant leur comportement. Il reste à privilégier les activités d'écoute, de découverte du monde, des objets, de fabrication et de bricolage, d'explorations visuelles ou tactiles, tout aussi riches. C'est aussi le moment le plus propice aux échanges langagiers.

Dans certaines écoles, l'habitude est prise de regrouper, en début d'après-midi, les moyens et les grands pour leur proposer plusieurs ateliers centrés sur des activités spécifiques animés par tous les maîtres mais aussi quelques ATSEM ou parents bénévoles. Les groupes sont moins importants, les objectifs plus précis, et cela permet aux enfants de faire la connaissance d'une équipe pédagogique élargie. Dans cette organisation qui présente des avantages incontestables, il ne faut pas surestimer les possibilités des moyens. Si des groupes mixtes moyens/grands peuvent stimuler les moyens, il faut avant tout respecter leur rythme et leur capacité de mobilisation et veiller à ce que les ateliers correspondent bien à des activités de faible vigilance où l'enfant se ressource.

LA COLLATION

Dans ce contexte de chronobiologie, il convient de s'interroger sur le rôle et la place de cet apport énergétique. Tout d'abord, il ne faut pas confondre petit déjeuner et collation. L'information des familles sur l'importance du petit déjeuner reste capitale. C'est le rôle de l'école maternelle d'insister sur l'éducation à une certaine hygiène de vie auprès des enfants mais aussi des parents : un petit déjeuner équilibré et consistant, pris dans un contexte familial, reste donc indispensable, même si tous les maîtres de l'école maternelle connaissent la difficulté à faire passer un tel message. La collation se situe dans le champ de l'école, elle est à la fois une activité éducative porteuse d'objectifs et de sens et un apport énergétique nécessaire. Encore faut-il la penser dans ces axes.

Les programmes de 1995 indiquent clairement le devoir des maîtres dans la sensibilisation aux problèmes d'hygiène et de consommation. Il n'est pas trop tôt pour aborder les règles essentielles de l'équilibre alimentaire. C'est pourquoi cette collation fera alterner le salé avec le sucré, découvrir des saveurs nouvelles et variées. L'éducation du goût, objectif capital de l'école maternelle, voit là une de ses déclinaisons.

Quand cette collation doit-elle être donnée ? C'est un problème de rythme biologique et de besoin réel. Si le petit déjeuner est pris vers 7 h 45, les besoins énergétiques sont assurés jusqu'à 9 h 30. La collation peut alors prendre le relais pour permettre à l'enfant d'être disponible pour les apprentissages à venir. Si la collation est prise trop tard, elle n'a plus d'intérêt, surtout dans le cas où le déjeuner est proposé vers midi. Bien sûr, cela dépend de l'heure de la récréation, on peut cependant dissocier collation et récréation.

L'heure choisie pour la récréation est délicate à fixer, car les contraintes matérielles ou d'organisation (nombre de classes, dimensions de la cour, existence de classes à double niveaux) demandent un compromis entre le souhaitable et le réalisable. L'enfant de MS a besoin d'une coupure indispensable pour se détendre entre deux longs moments d'apprentissage.

IV. Comment organiser les grands domaines d'activités ?

1. L'ORAL ET L'ÉCRIT

LA LANGUE ORALE

En MS, l'enfant se constitue un langage fondamental. Il affine ses repères, ils s'approprie des outils et passe doucement de l'implicite à l'explicite. Il s'entraîne tout en jouant, il est associé à ses apprentissages et commence à prendre conscience qu'il apprend. Il comprend ce que l'on attend de lui, il jette un regard critique sur ses performances : il devient pleinement sujet et auteur de son propre savoir.

• *L'échange verbal*

Lorsque l'enfant commence à parler, il a derrière lui une longue expérience de la communication. Des situations fonctionnelles de communication sont maîtrisées et exploitées de façon non verbale, puis en associant l'expression non verbale et verbale. Mais une des caractéristiques de la communication avec le bébé est que les échanges se font principalement en relation duale dans lesquelles l'adulte façonne l'interrelation, s'adapte aux possibilités enfantines, maîtrise le dialogue.

À l'école maternelle, dès la PS, la situation est différente. La cohabitation entre pairs impose une communication difficile car il faut apprendre à gérer les échanges, l'interrelation et déjà découvrir que tout dialogue ne peut se réduire à des monologues parallèles si l'on veut exercer la puissance de la parole. En MS, le maître fait part de ses objectifs avec une telle évidence que l'enfant comprend vite ce que l'on attend de lui : la conquête de l'autonomie dans la prise de la parole. Si l'adulte est encore très présent dans l'interrelation pour faciliter la communication, il tend de plus en plus à inciter l'enfant à apprendre à gérer les dialogues, donc apprendre à communiquer. Il va susciter les échanges, reformuler les expressions erronées ou mal adaptées, inciter à des commentaires, solliciter la prise de parole par des questionnements inducteurs, favoriser les échanges. Il va laisser les enfants gérer l'interrelation par ses silences, ses « blancs », en incitant d'autres enfants à entrer dans la conversation, en mettant en place un étayage varié et constructif, en instaurant un climat de confiance où l'on peut prendre des risques sans danger, où l'on peut se tromper sans conséquences fâcheuses.

Si le rôle de l'école maternelle est reconnu fondamental dans l'acquisition de la langue, si les travaux sont nombreux sur la façon dont l'enfant apprend sa langue maternelle, rares sont ceux qui traitent de la didactique de la communication et encore moins de sa pédagogie différenciée malgré l'importance que tient maintenant la communication dans les programmes officiels.

• *Les sonorités de la langue*

L'école maternelle est réputée, à juste titre, pour être le lieu d'apprentissage des comptines et des chansons. Le rôle joué par cette initiation est très important : il familiarise l'enfant avec une langue poétique, orale, joyeuse et souvent pleine d'humour. La mémorisation se fait aisément et un bagage capital se constitue, bagage de sons, de mots, d'expressions, de structures dans lequel l'enfant ira puiser. Ce référent vivant et adapté est indispensable lorsque le maître le dynamise de jeux rythmiques, de jeux de rimes, de prise de conscience de la présence de phonèmes.

La MS est l'année des sens, et l'ouïe en tout premier lieu doit être développée, l'oreille doit être de plus en plus discriminante et affinée. La mémoire des sons, des mots s'accroît, la pensée réflexive s'enrichit.

Au-delà des jeux autour des sonorités de la langue, le maître attire l'attention des enfants sur les mots en ce qu'ils constituent un lexique mobilisable dans telle ou telle situation de production orale. Faire « la chasse aux mots » dans un champ sémantique donné à propos d'une affiche ou d'une histoire, classer ces mots, rechercher leurs contextes d'utilisation sont des réflexes tout à fait à l'ordre du jour en MS. C'est même indispensable dans l'optique d'un passage à la production d'écrits.

C'est par la plus grande variété possible de textes oraux écoutés sur des supports divers que l'enfant pourra à son tour produire des textes oraux riches. Associer des images aux textes habitue l'enfant à réfléchir sur la spécificité des rapports entre supports et leur complémentarité. Il faut aller avec les enfants dans ces lieux magiques de la parole que sont les théâtres de marionnettes, il faut inviter un conteur pour sentir le climat, la relation qu'il sait créer, pour apprécier la langue qu'il véhicule, pour percevoir les images qu'il évoque, pour se laisser charmer par la parole et s'en souvenir longtemps.

Saisir « le pouvoir » du discours et sa valeur, avoir envie de communiquer, accepter le dialogue, en ce qu'il sert d'action, outil d'enrichissement, aliment de la curiosité mais aussi appropriation du monde, sont des compétences qui vont permettre à l'enfant de saisir le sens du langage, puis de le confronter peu à peu au code écrit, afin de construire positivement l'articulation oral/écrit.

LA LANGUE ÉCRITE

Pour permettre à l'enfant de passer de l'oral à l'écrit, il faut l'avoir sensibilisé à toutes les formes d'écrits, l'avoir aidé à en analyser les différents supports, lui avoir appris à en reconnaître les diverses fonctions. En amont, sur le plan psychologique et pédagogique, certaines compétences doivent être maîtrisées :

– l'enfant doit être capable de rester attentif au cours de la lecture d'un texte écrit. Il lui faut contrôler son corps, toute sa motricité. Cela nécessite un entraînement et bien sûr une motivation. En MS, l'enfant peut passer de cinq minutes en début d'année à un quart d'heure ;

– il lui faut mémoriser le texte lu et être capable de restituer l'essentiel en langage oral respectant la trame séquentielle ;

– il doit être capable de reconnaître de l'« écrit-lu » et de le différencier de la narration. Pour cela, l'enseignant accentue son comportement de lecteur, lit à de nombreuses reprises le même texte afin que la permanence de l'écrit soit remarquée, favorise la mémorisation d'éléments répétitifs du texte. Les enfants en sont réjouis qui guettent le retour à l'identique de formules connues ;

– il doit aussi être capable d'identifier les différents écrits et d'émettre des hypothèses sur le type de message en question. L'objectif du maître est que l'enfant sache le plus possible de choses sur le contenu du message avant de lire le texte ; ce n'est alors que pourra s'opérer la vérification de toutes les hypothèses émises à partir des éléments repérés (nature du support, présence ou non d'images, police de caractères, forme du texte, etc.). C'est ainsi que l'enfant peut se construire des stratégies d'entrée dans un texte différenciées selon les indices qu'il a perçus (on ne lit pas de la même façon une affiche annonçant l'arrivée d'un cirque et la réponse d'un auteur que l'on a invité dans la classe).

De nombreuses typologies de textes sont publiées. Il est important que l'enfant de MS rencontre des textes narratifs, poétiques et descriptifs, ce qui est fréquent dans les classes. Plus rares sont les textes injonctifs analysés comme tels (recettes, jeux), plus rares encore sont les textes argumentatifs (par exemple, une brochure invitant à visiter tel château ou telle ferme pédagogique). Il est délicat, en MS, d'aller plus loin, certaines nuances comme celles mises en œuvre par un texte explicatif ou un texte informatif interviendront plus tard.

Afin de mieux faire maîtriser à l'enfant la notion de typologie, il est utile de lui faire appréhender comment certains écrits peuvent revêtir plusieurs fonctions successives ou simultanées. L'exemple de l'article de journal est le plus simple à saisir.

La large part accordée par l'institution scolaire au texte narratif ne peut suffire à l'enfant. C'est par la fréquence de ses rencontres avec des types d'écrits les plus divers possibles mais toujours médiatisés par le maître qu'il peut se construire des stratégies d'analyse, de prélèvement d'indices et ainsi inférer du sens. Cette démarche doit se situer dans des objectifs de communication et rester pour l'enfant dans le champ du plaisir et de la découverte.

L'enfant ainsi initié au monde de l'écrit peut aisément être amené à produire de l'écrit par la dictée à l'adulte. Pour cela, il faut un projet collectif ou individuel impliquant un ou des lecteurs. Il peut aussi être question de mettre en mémoire écrite une recette ou un récit d'événement, une légende d'image...

L'enfant use de la capacité de scripteur de l'adulte qui lui renvoie une image de conformité du code écrit par un échange constructif. Cette activité, nouvelle en MS, provoque chez l'enfant une attention précise pour l'écrit, un désir croissant de maîtriser cette compétence, une fierté légitime, un pouvoir nouveau. Elle requiert la capacité d'adapter la dictée au rythme d'écriture de l'adulte : « ralentissement du débit, contrôle de la structure syntaxique de l'énoncé, prise de conscience de l'activité de l'adulte, demande de relecture ». On peut même utiliser cette situation pour sensibiliser l'enfant à l'orthographe. Cette activité nouvelle est passionnante et génère des apprentissages sérieux.

PRODUIRE UN TEXTE

• *La genèse de l'orthographe*

L'orthographe pose des problèmes pédagogiques difficiles à résoudre pour les maîtres des cycles 2 et 3. L'école maternelle ne peut se désintéresser du problème car dès que l'enfant est mis en contact avec l'écrit (c'est-à-dire à sa naissance), il voit des formes graphiques signifiantes répondant à des codes précis dont l'orthographe. Dès la MS, le maître se doit d'associer l'orthographe à la découverte médiatisée de l'écrit.

Les programmes officiels recommandent la dictée à l'adulte, aussi est-il nécessaire d'analyser rapidement ce qui se joue dans cette activité. Tout d'abord, il est indispensable de faire écrire l'enfant le plus tôt possible : écrire en dictant à l'adulte, c'est écrire réellement car l'adulte ne fait que prêter l'outil, c'est l'enfant qui conçoit le projet, le met en forme et en œuvre, impose ses mots et même la disposition typographique. Écrire, c'est avoir compris le sens de la communication différée dans l'espace et le temps, c'est vouloir maîtriser un outil, c'est aussi accepter une mobilisation forte sur un code exigeant.

C'est pourquoi, à la maternelle, il est capital d'entraîner l'enfant à se constituer une image mentale précise et forte de l'écrit. Il faut entraîner l'attention, la discrimination, la mémorisation sur des prises d'indices de plus en plus abstraits. L'acquisition de méthodes pour apprendre importe autant que le stock d'images mentales, que la régularité de l'entraînement car la mémoire s'exerce et on apprend l'exercice, tout comme la vigilance.

De nombreux exercices sont praticables en MS : des déplacements de lettres sur le modèle de la contrepèterie, des suspensions ou déplacements de phonèmes puis de graphèmes ou de syllabes (exemple : *Le Prince de Motordu*), des jeux sur la composition des mots et leur forme, des reconstitutions de mots dans le désordre, des codages de phrases et de mots (correspondance lettre/chiffre ou lettre/pictogramme ou hiéroglyphe, des jeux de pigeon-vole adaptés à la présence/absence d'un phonème puis d'un graphème, etc.). C'est l'abondance, la diversité, la convergence, de tous ces jeux qui forgeront un élève attentif aux formes de l'écrit, à ses exigences.

LA COMMUNICATION

La quasi-totalité des enfants qui entrent en MS ont l'expérience de la scolarisation. Ils connaissent les contraintes du grand groupe, les exigences d'une organisation précise, le rôle de chacun. Ils admettent les règles de vie collective car elles ont été verbalisées par les adultes et savent qu'ils peuvent s'y référer. Si le cadre est clair et posé, l'enfant, sur le plan psychologique, n'est cependant pas prêt à l'intégrer de façon constante. Il faut se référer aux études de B. Wallon pour mieux comprendre son fonctionnement.

L'enfant de 4 ans se situe dans le stade du personnalisme au moment où il devient plus positif. C'est pourquoi on utilise plus volontiers le terme d'« âge de grâce » (Homberger) ou même d'« âge d'or ». Les psychanalystes relèvent l'orientation narcissique des conduites de cet âge. En fait, la crise de personnalité qu'on observe chez l'enfant de 3 ans et qui entraîne des comportements d'opposition dans un contexte conflictuel des rapports enfant-adulte s'estompe, voire disparaît au profit d'une phase de séduction. Le moi qui se posait en s'opposant, qui surgissait en s'insurgeant, fait place à un moi plus ouvert et plus serein orienté vers l'adulte avec le souci de plaire et d'être admiré. « L'enfant ne peut se plaire à lui-même que s'il a le sentiment de pouvoir plaire aux autres ; il ne s'admire que s'il se croit admiré. »

« Les réactions de prestance envahissent le comportement de l'enfant. » Ces réactions de prestance gracieuse et de prestance séductrice font évoluer son ton qui perd agressivité et arrogance pour devenir conciliant et séducteur. C'est pourquoi la dimension « communication » dans les activités langagières peut être très largement exploitée et développée. Comme les progrès du langage sont sensibles, l'enfant peut être sollicité lors d'activités spécifiques afin de développer toutes les formes d'échanges verbaux avec l'adulte mais aussi avec ses pairs. Le dialogue, par exemple, était difficile en PS : on avait majoritairement affaire à des discours parallèles sans articulation, sans prise en compte de la parole de l'autre. En MS, cette volonté de séduction pousse l'enfant à se regarder, comme dans un miroir, dans la parole de l'autre et à la prendre en compte pour de vrais échanges.

Tout cela doit être encadré de façon précise par le maître : prendre la parole répond à des impératifs culturels que l'enfant doit connaître et respecter, se situer dans un dialogue collectif implique la compréhension d'une situation délimitée, donc le choix d'interventions centrées sur le projet évoqué ainsi que le respect des règles de vie communautaire. En MS, c'est le moment idéal pour explorer toutes les formes et situations de communication non verbales ; puisque l'on maîtrise bien la langue, on en comprend mieux les alternatives, les complémentarités, les lacunes, et on prend plaisir aux gestes, aux mimiques, aux intonations, aux variations de ton et d'intensité, quelquefois avec humour !

2. AGIR DANS LE MONDE : MOTRICITÉ

L'enfant de 4 ans est en constante évolution corporelle, il n'est plus « englué » dans ses efforts moteurs pour contrôler son corps et le piloter avec précision et efficacité : il commence à le maîtriser et en découvre les ressources et les richesses dans des conduites de plus en plus audacieuses, voire risquées. Cela est dû au développement du système nerveux central et des organes des sens. L'enfant est capable de boutonner ses vêtements, de marcher à reculons, de descendre aisément un escalier, de sauter à pieds joints, par exemple. La production du mouvement relève d'une interdépendance entre les facteurs psychiques et biologiques. L'enfant se développe harmonieusement ; c'est le développement psychomoteur qui donne à l'enfant la possibilité de mener des expériences sur le monde extérieur, expériences qui l'enrichissent, le sollicitent et lui permettent de progresser.

L'objectif du maître dans ce domaine est donc d'utiliser l'assurance et la maîtrise acquises pour enrichir la précision, l'adaptation des mouvements, pour élargir le champ des découvertes et des expériences.

L'école propose alors l'exploration de lieux nouveaux (étrangers ou complexes) comme le gymnase ou la piscine, proches ou plus lointains (quartier ou sorties en pleine nature). L'enfant pourra alors confronter la maîtrise corporelle avec des environnements nécessitant des adaptations spécifiques ou nouvelles (l'eau, la glace ou la neige). L'école propose aussi l'exploration sensorielle élargie par l'utilisation et l'appropriation d'objets, accessoires et matériels qui ne sont pas habituels dans les familles (par exemple : patins à roulettes ou vélos), dans des espaces larges et protégés.

Ces explorations peuvent donc se faire à la fois librement mais aussi en toute sécurité. La présence et l'observation des pairs enrichissent considérablement ces découvertes. L'aménagement des cours de récréation à l'école maternelle est significatif à cet égard. Du matériel spécifique et riche est mis à la disposition des enfants : châteaux forts, ponts de singe, toboggans, labyrinthes, parois à escalader. Ce sont peut-être les enfants de MS qui en tirent le meilleur profit.

Il y a deux façons de l'exploiter : pendant la récréation, de façon libre et individuelle ; lors de séances spécifiques à la classe. Le maître mène alors une activité centrée sur l'adaptation des mouvements, l'exploration différenciée, l'observation mutuelle et l'enrichissement des conduites. Il favorise la participation active et l'audace, le dépassement de soi et apprend à l'enfant à mesurer les risques et moduler son énergie, dans l'acceptation du groupe et le respect des autres.

Ce domaine d'activités est en fait dans le champ des compétences transversales : on le retrouve dans « Vivre ensemble » à travers les activités autour des jeux à règles et jeux collectifs, dans « Découvrir le monde » à travers l'exploration du monde des objets aussi bien que dans « Imaginer, sentir, créer » dans les activités d'expression corporelle, gestuelle mais aussi dans les activités de perceptions sensorielles.

3. DÉCOUVRIR LE MONDE

C'est un très vaste champ d'activités qui trouve sa pleine mesure en MS, lorsque l'enfant maîtrise son corps, ses organes sensoriels et s'oriente psychologiquement vers l'extérieur. Ces capacités de l'enfant rencontrent un des objectifs fondamentaux de l'école : l'initiation au monde et à la culture.

Découvrir le monde à l'école se situe dans une démarche pédagogique : c'est apprendre à le connaître et à le respecter, à le décrire mais aussi à l'expliquer et à le comprendre. Cet enrichissement de l'expérience se fait par le passage du monde de l'irrationnel et du magique au monde scientifique et technologique. On découvre par l'expérimentation, la mesure, la comparaison, le raisonnement, le questionnement. On formule des hypothèses, on élabore des théories explicatives, on commence à généraliser les expériences, à anticiper les phénomènes, à se représenter les savoirs par des schémas, des textes. On développe son esprit critique, on confronte et partage les cultures. En fait, on s'enrichit d'expériences vécues, analysées, ordonnées, questionnées qui permettent de faire émerger des savoirs transférables.

L'enfant de MS ne peut produire de raisonnement explicatif à proprement parler mais plutôt tenter d'établir des relations logiques entre différents éléments. On part des constats présentés successivement, puis on passe à la référence à des expériences personnelles vécues, afin d'amener l'inconnu au connu. On cherche des analogies avec d'autres expériences.

Le discours des enfants est donc essentiellement référentiel avec des séquences descriptives. L'interlocution (entre pairs) va amener à faire progresser l'explication. C'est donc en favorisant l'émergence de cette interlocution que le maître fait avancer l'explication.

Chez l'enfant de 4 à 5 ans, les tentatives d'explication se heurtent à des limites et sont intimement liées au développement de la pensée d'enfants à cet âge.

Piaget nomme cette période le « stade de la pensée préopératoire », pendant laquelle la perception est première et entrave le raisonnement. B. Wallon parle de pensée par couples : deux termes servent à la fois l'un pour l'autre de cause et de conséquence et sont réversibles, d'où la difficulté de déterminer les rapports de cause à effet.

Les phénomènes restent de toute façon complexes à expliquer, des paramètres manquent aux enfants sur la connaissance du monde. Même s'ils sont incapables d'une explication aboutie, leur pensée sous une apparente incohérence est déjà capable d'organisation.

LE MONDE DES OBJETS

La notion capitale sera ici l'action. En effet, c'est par l'action que s'opère le développement de l'enfant de cet âge, elle lui permet d'aller au-delà des expériences immédiates : monter et démonter un moulin à légumes, par exemple, lui permet de satisfaire sa curiosité, de « voir dedans », dit P. Dufayet. Il n'est pas encore question de comprendre un fonctionnement mais de chercher à « rencontrer un secret ». Cette expérience ajoute un élément à « l'inventaire du monde auquel l'enfant de cet âge se livre avec avidité ». Les liens de causalité sont loin d'être établis, c'est pourquoi l'enfant juxtapose les expériences plutôt qu'il ne les ordonne. Pourtant le rôle du maître consiste à reprendre et à trier les observations de l'enfant, à mettre en valeur ses déductions, à favoriser les rapprochements, comparaisons intéressantes. Il le guide dans son questionnement et l'aide à interroger les faits. Il tend vers une objectivation de la pensée tout en connaissant les limites à cet âge.

La fabrication d'objets (le « bricolage ») est très intéressante. Elle permet à l'enfant d'utiliser des matériaux divers au service d'un projet en les détournant de leur vocation primitive (par exemple : utiliser des boîtes de camembert pour construire un véhicule), en anticipant la réalisation, c'est-à-dire en imaginant des formes qui n'existent pas dans la réalité. L'enfant se heurte de façon constructive au réel (les matériaux) pour les faire plier, les rendre conformes, les soumettre. Quelquefois, c'est la matière qui domine et l'enfant renonce ou modifie son projet mais apprend les limites de son pouvoir. Ces techniques à utiliser (plier, découper, coller, etc.) le contraignent à contrôler ses gestes, à les ajuster à son projet, à inventer des solutions adaptées.

LE MONDE DE LA MATIÈRE

En MS, les enfants ont une expérience personnelle assez riche pour identifier les matières essentielles, il convient donc de les amener à reconnaître les matières naturelles de base (bois, pierre, terre) dans lesquelles les objets sont faits. Ensuite, des classements peuvent intervenir en fonction de critères clairement définis comme la texture de l'objet par exemple. On peut proposer à l'enfant de trier des objets selon leur nature (bois, métal, verre, plastique). De façon simple et accessible, il identifie les propriétés de la matière et en construit provisoirement le concept. D'autres expériences enrichiront et préciseront le concept ultérieurement.

D'autres situations lui permettront une première approche des éléments (air, eau) et des expériences simples pourront être menées sur la transformation de l'eau (vapeur, glace). Faire fondre de la neige ou faire évaporer un liquide permettent une première sensibilisation à la transformation de la matière.

LE MONDE DU VIVANT

Les textes précisent que l'enfant doit observer les caractéristiques du vivant et en approcher les grandes fonctions par l'observation dans des milieux divers.

• *Les sorties*

Il est tout à fait souhaitable que des sorties soient organisées dans des milieux proches de l'école pour permettre aux enfants d'observer les animaux dans des environnements naturels ou aménagés (parc animalier). Certes, cette observation doit être organisée et exploitée par le maître qui remplit pleinement son rôle de médiateur. La nature est incompréhensible pour le jeune enfant dont l'observation n'est pas guidée. En MS, l'enfant s'enracine dans sa filiation, dans sa famille, dans son corps, dans la conscience d'être vivant et mortel. Il peut appréhender le monde du vivant et établir des correspondances, élaborer des questionnements, émettre des hypothèses. Une sortie ne sera fructueuse que si elle prend place dans un projet, est minutieusement préparée à l'aide de documents et bien sûr exploitée au retour soit sous forme d'une exposition temporaire, soit sous forme d'un livret que les parents et les autres enfants pourront consulter. C'est la mémoire du vécu qui est ici inscrite de façon tangible.

Il ne faudrait pas croire que l'étude du vivant ne peut se faire que par contact direct. La richesse du vivant ne peut se restreindre aux échanges ou cultures possibles en classe. D'excellents documents existent qui situent le vivant dans son environnement naturel : ils permettent à l'enfant de découvrir cet aspect du monde à condition que les images soient médiatisées par le maître.

La conception de l'espace et du temps est encore embryonnaire chez l'enfant de 4 ans ; il est indispensable que le maître verbalise, resitue, commente les situations vues pour qu'elles soient appréhendables et aient un sens par rapport au vécu antérieur et aux situations déjà rencontrées. Les images doivent être choisies, les documents triés, les visionnements adaptés à l'enfant, à sa capacité d'attention et à sa capacité de compréhension.

Le corps de l'enfant est au centre de ses préoccupations : ce corps qui se transforme si rapidement et qu'il commence à bien maîtriser. C'est le moment de l'étudier dans sa globalité (silhouettes, traces, etc.), dans ses différentes parties. Les radiographies, échographies sont sur ce point très utiles ; elles permettent d'approcher le mystère qu'est ce corps (les os, les organes, tout ce qui se cache à la vue de l'enfant).

• *Les élevages au sein de la classe*

Le problème n'est pas simple. Si la présence d'un animal permet une observation fine et continue de son mode de vie et de ses principales fonctions, elle soulève quelques interrogations. Qu'en est-il de la captivité ? de ces conditions de vie nécessairement dégradées ? Certes, ces animaux sont nés en captivité mais on remarque aisément que leur comportement s'altère, certains deviennent agressifs. Il est souvent difficile de leur sauvegarder des conditions de vie acceptables.

On peut se fixer deux lignes directrices dans ce domaine :

– L'accueil d'un animal en classe doit remplir une fonction essentielle ; ce n'est pas un objet mais un être vivant qui a droit au respect, il en va de la sensibilité du jeune citoyen que nous avons à construire, à guider et de l'initiation à l'environnement et à l'écologie. C'est pourquoi chaque maître doit s'interroger sur les objectifs qu'il poursuit en accueillant un animal. Il doit aussi prévoir les conditions de vie et l'avenir : que deviendra-t-il lorsqu'il aura cessé d'être intéressant, lorsque son comportement sera devenu incompatible avec la vie de la classe, ou tout simplement lorsque viendra le temps de vacances ? Il faut avoir un comportement responsable et une attitude cohérente.

– L'accueil ne peut être que temporaire. Il est lié à un projet et se situe par conséquent dans une durée déterminée. Pour un temps donné, on se focalise sur l'observation du vivant, on en laisse une trace dans la mémoire de la classe puis on change de centre d'intérêt. Ainsi pas de mort, pas de routine, pas d'abandon. Rien de plus triste que ces aquariums qui se vident faute de soins ou de conditions normales à la survie des poissons. Pas de souffrance animale inutile non plus. Pas besoin d'arracher les ailes d'un papillon pour constater qu'il ne peut plus voler ! Donc pas d'expériences qui seraient en opposition avec une valeur essentielle : le respect de la vie, des êtres vivants.

Par contre, il ne faut pas développer une relation entre les enfants et les animaux d'élevage qui serait uniquement fondée sur la relation affective. Certes, les pelages du lapin ou du chat sont doux à caresser et comblent bien des carences affectives, consolent de bien des petits malheurs mais il ne faut pas perdre de vue que nous nous situons à l'école, dans un contexte pédagogique. Il y a un projet autour de l'élevage qui est centré sur l'école du vivant. C'est une étude qui se situe dans le champ des sciences et pose les bases d'une étude scientifique (locomotion, alimentation, reproduction...). C'est en cela que l'animal à l'école est différent de l'animal à la maison.

• *Aborder tous les sujets*

La reproduction, la mort sont des notions essentielles qui concernent directement l'enfant de 4 ans. Il se pose des questions fondamentales : d'où vient-il ? Où était-il avant d'être dans le ventre de sa mère ? Cela met en cause l'origine même de la vie, voire des espèces (qui était la mère de la mère de la mère... du chat qui est en classe ?)

Le mensonge n'a pas sa place à l'école, les choses doivent être dites clairement mais de façon adaptée à l'âge et à la sensibilité des familles. Que devient-on quand on est mort ? La première précaution est d'explorer ce qu'en a dit la famille, puis de proposer à l'enfant différentes positions exprimées par les adultes (« certains pensent que..., d'autres... »), et de renvoyer l'enfant à son milieu familial.

Il serait donc néfaste de cacher la mort d'un animal élevé en classe par peur de blesser les enfants. Au contraire, c'est l'occasion, avec tact et modération, d'aborder le problème de la mort. Il est certes plus aisé de le faire à propos du poisson rouge, de têtards ou d'insectes qu'à propos d'un lapin car la charge affective est moindre. Les expériences entraînant une « issue fatale » peuvent être menées en MS avec les plantes à condition que les plantations ne soient pas reliées directement à tel ou tel enfant (« c'est le pot de Pierre »), car il faut toujours craindre une forme d'identification de l'enfant qui ne supporterait pas aisément de se voir dépérir faute d'eau ou de lumière.

Certaines plantes peuvent être dangereuses, certains animaux provoquent des allergies : la prudence s'impose. Même si les risques ne sont pas très importants, il faut se renseigner (fiche de renseignement remplie par les parents) et renoncer à tel ou tel projet s'il est préjudiciable à la santé d'un enfant de la classe, l'arrêter si le problème se déclare. Chaque maître doit répondre de la sécurité des enfants qui lui sont confiés.

LES ESPACES NATURELS ET HUMAINS

Les textes officiels introduisent dans les programmes de l'école maternelle la sensibilisation aux problèmes de l'environnement. Cela peut se comprendre de plusieurs façons. Tout d'abord, il s'agit d'élargir la connaissance de l'enfant en le familiarisant avec des paysages, milieux, constructions qu'il ne connaît pas ou qui, s'ils ont été vus, n'ont pas été l'objet d'observations réelles et de questionnement. La construction de l'espace chez l'enfant de MS se situe dans le cadre de l'intelligence opératoire au moment de la prépondérance de l'égocentrisme (4 ans/5 ans et demi). Le milieu n'est pas donné en tant que tel mais doit être construit en fonction d'un sujet qui s'incarne dans un corps. C'est pourquoi le mouvement est au cœur de cette appropriation, il est le système même de la relation à l'extérieur, la possibilité de l'insertion du corps dans l'espace.

L'enfant de 4 ans ne peut analyser, définir, synthétiser. Il ignore les liaisons objectives au profit des liaisons subjectives, impose des schémas arbitraires aux choses, assimile incessamment les expériences nouvelles à des schémas anciens. C'est la socialisation, la coopération, la discussion entre pairs qui lui permettent peu à peu de sortir de ce système d'interprétation du monde.

Un autre aspect majeur de la découverte des milieux humains relève de la prise de conscience des conséquences de l'activité humaine : l'importance et la nocivité des déchets, la place des nuisances (bruits, odeurs...) peuvent être abordées en MS. D'intéressantes explorations, classifications voire récupérations peuvent être entreprises (écologie, protection de l'environnement) et permettront d'initier le jeune enfant aux devoirs de tout citoyen soucieux de la conservation d'un bien commun : la Terre.

Il peut ainsi se placer, progressivement, dans une société globalement en charge de l'avenir de la planète et prend à son niveau habitudes et réflexes de citoyen responsable et conscient.

LES PROBLÈMES D'HYGIÈNE ET DE CONSOMMATION

L'école est un milieu réglé où le fonctionnement d'une communauté induit des horaires fixes. Même si le régime général peut toujours prendre en compte des particularités, il est plus facile de donner de « bonnes habitudes » collectives aux enfants. Ainsi, les règles élémentaires de l'hygiène s'inscrivent dans des rites qui reviennent à des moments déterminés et deviennent ainsi des habitudes (se laver les mains, se brosser les dents...).

• *L'alimentation*

L'hygiène de l'alimentation est un point très important à l'école maternelle ; en MS, le projet de classe peut être centré sur la prise de conscience de l'importance du petit déjeuner par exemple, sur la responsabilité de l'enfant dans sa prise de nourriture, sur la sensibilisation aux différents groupes d'aliments et leur équilibre diététique. On peut agir en fabriquant des produits alimentaires (pain, soupe) en préparant la collation, en transformant des aliments (purée) à l'aide d'objets technologiques simples. Mais on peut aussi faire naître des aliments par une activité de jardinage (radis, citrouilles...) pour ensuite les transformer et les déguster.

Ces types de projets sont riches d'implications, les compétences travaillées sont multiples. Cela peut même déboucher sur un réaménagement du temps de la journée pour mieux prendre en compte les rythmes biologiques de l'enfant.

• *La prévention*

Le devoir de l'école maternelle est capital dans le champ de la prévention des accidents. C'est un objectif majeur que de sensibiliser les enfants aux dangers liés à la vie domestique, aux transports. La MS accueille des enfants en construction des relations cause/conséquence. C'est le moment d'éduquer à des conduites sûres, réfléchies, responsables. L'identification des produits usuels toxiques est possible en relation avec les codes et pictogrammes utilisés dans le monde de la consommation. S'approprier les espaces extérieurs, c'est explorer son quartier et identifier les dangers de la rue tout en intégrant les quelques règles élémentaires du code de la route indispensables dans le comportement du piéton. Cela va de pair avec un travail sur le développement des capacités sensorielles (goût, toucher, odorat, ouïe, vue).

Découvrir le monde est bien représentatif de l'esprit de l'école maternelle où, si les contenus sont repérés, les compétences clairement identifiées, les apprentissages bien structurés, les champs d'activités sont riches d'exploitations croisées. C'est le professionnalisme du maître qui donne le sens pédagogique aux activités, la cohésion aux diverses situations mises en place.

LE CAHIER DE VIE, LE TEMPS QUI PASSE

• *Ses objectifs*

Les activités de la classe qui aident à structurer le temps sont nombreuses. Parmi elles, le cahier de vie est un outil privilégié qui doit retenir notre attention. Il poursuit, par ailleurs, de nombreux objectifs. C'est un outil de socialisation, de communication, qui permet la structuration du discours oral et l'affirmation de soi. Il consiste à collecter les traces les plus diverses de la vie de l'enfant pendant le temps de la classe, mais aussi pendant le temps familial. Ainsi se retrouveront des textes narrant tel ou tel événement scolaire (une sortie, un incident), mais aussi un ticket de spectacle, une carte reçue lors d'un anniversaire, une photo de famille accompagnée d'un petit texte explicatif rédigé avec l'enfant par un membre de sa famille.

La MS représente le moment idéal pour constituer un tel document qui peut être poursuivi avec bonheur en GS. La forme peut être différente selon que l'on se trouve dans un milieu plutôt favorisé où l'investissement de la famille est abondant (il faut quelquefois indiquer des limites à certains parents qui « envahissent » le cahier) ou bien dans un milieu indifférent, peu mobilisable. Dans ce cas, le cahier de vie collectif semble être une bonne formule.

• *Comment l'exploiter ?*

Géré par le maître, il permet d'inscrire dans le temps et dans la mémoire les activités de la classe et de les donner à voir aux visiteurs. Lorsqu'il est individuel, il part dans les familles une fois par semaine, le vendredi de préférence, où elles trouveront un moment privilégié avec l'enfant pour y insérer quelque chose. Le lundi, le maître consulte pendant la récréation ou le temps de midi tous les cahiers et retient ceux qui comportent un élément d'intérêt général. Point n'est besoin d'insister sur le caractère intimiste de certaines insertions ; le maître en prend acte, il peut en parler individuellement à l'enfant mais cela ne fait pas l'objet d'une communication à la classe.

En début d'après-midi, lors des moments de faible vigilance, le maître peut faire part, en associant l'enfant concerné, des informations contenues dans son cahier de vie. C'est un moment calme de partage amenant certains à prendre la parole, à poser des questions, à apporter des précisions, à compléter par une expérience proche. L'exploitation peut donc être individuelle ou collective selon la teneur ou l'intérêt du message. L'enfant tirera toujours profit à « relire » son cahier à un moment calme : c'est le moyen d'évoquer des souvenirs, de se remémorer des événements marquants. Le maître peut aussi constituer son propre cahier de vie. Quelle stupéfaction pour les enfants de découvrir qu'il fête le dimanche l'anniversaire de sa maman, qu'il pose un nouveau papier peint dans la chambre de sa fille ou qu'il sème des cosmos dans son jardin !

C'est un lien social fort qui se crée dans le groupe, une source de cohésion. L'enfant se perçoit comme faisant partie d'un réseau, il apprend à être curieux des autres, il découvre la différence comme il perçoit les rapprochements, les similitudes.

LE MONDE DE L'IMAGE

Les textes du programme stipulent que « dès son plus jeune âge, l'enfant est mis en présence d'un grand nombre d'images ». L'habitude ne fait pas le discernement, la surabondance ne fait pas la richesse ou le sens. Le rôle de l'école maternelle se situe d'abord dans l'éducation du regard de l'enfant. Il faut lui apprendre à voir, à regarder, c'est-à-dire à exercer une activité volontaire, consciente, choisie, à passer d'un rôle de récepteur passif à un rôle d'agent actif. Dès la MS, il doit se mettre en place un apprentissage à la lecture d'images fixes et mobiles afin de préparer l'enfant à recevoir, à trier, à choisir. L'image est à la fois sujet d'étude mais aussi objet, car elle est utilisée comme outil au service des différents apprentissages de l'école. Elle est donc source et moyen.

Pour permettre à l'enfant de décoder des images, le maître propose une activité d'appropriation par la découverte. Le code ne peut être une nomenclature donnée, c'est une construction expérimentale à partir du connu des enfants qu'il s'agit déjà d'explorer (exemple : la tête de mort sur les produits toxiques).

La télévision est incontournable. Il serait vain de la nier et de la bannir de l'école. Par contre, pour aider l'enfant dans sa conquête de consommateur actif et éclairé d'images, il faut faire de lui un spectateur « intelligent », alors qu'avant l'école il n'était qu'un spectateur sensible. Il faut l'exercer à utiliser dans sa lecture d'images les compétences qu'il développe dans sa lecture des textes verbaux. C'est un transfert d'opérations intellectuelles qu'il doit mettre en œuvre avec l'aide du maître. C'est pourquoi le magnétoscope est un outil précieux à l'école maternelle : il permet de visionner à nouveau certaines émissions et d'appréhender les choses avec réflexivité, recul, distance en s'affranchissant du temps. L'enfant ne subit plus l'immédiateté, il est dans la durée, dans la répétition, dans l'observation tranquille (arrêt sur image), dans le choix exercé.

4. IMAGINER, SENTIR, CRÉER

Ce champ d'activités, parce qu'il fait référence à l'éducation artistique, représente le domaine de prédilection de la MS. La musique et les arts plastiques, auxquels il faut ajouter le théâtre et la danse, sont des domaines où l'enfant de 4 à 5 ans excelle. L'objectif du maître est d'amener l'enfant à rencontrer les arts, à éprouver des émotions et à les exprimer par toutes les formes possibles (langage, corps, dessin, graphisme...). L'enfant enrichit son imaginaire et entre dans un dialogue entre l'observation d'œuvres d'art et la production. Il s'agit de ressentir, d'échanger et de faire, de construire, d'exprimer. Il faut entendre et voir mais aussi produire, créer.

L'ÉDUCATION MUSICALE

Dès la PS, le maître met l'enfant en contact avec des bruits enregistrés et l'amène à les reconnaître, il lui apprend à identifier les manifestations sonores de son environnement, à écouter ce qu'il ne faisait que percevoir inconsciemment. La MS offre cette éducation et permet à l'enfant de produire des bruits et des sons à partir d'objets sonores qu'il fabrique. Écouter, produire, enregistrer, réécouter sont des activités productrices de sens et de distance. On peut aussi choisir, après écoute, des musiques pour illustrer, pour exprimer ; on peut reproduire, imiter, transformer. Toutes ces activités participent d'une même idée : affiner ses sens pour développer son imagination créatrice. En MS s'ajoute la dimension collective, car l'enfant commence à être apte à prendre en compte l'autre. C'est pourquoi on peut commencer à mettre en place une chorale ou un orchestre où les enfants alternativement chantent et jouent ensemble, puis ils écoutent et respectent l'activité des autres, s'expriment sur leur ressenti, cherchent à améliorer l'activité collective. Si un travail sur le corps, la voix et le souffle paraît indispensable, il reste toutefois difficile en MS. Ce travail de contrôle et de maîtrise peut s'amorcer mais se poursuivra avec une meilleure efficacité au cycle 2.

LES ARTS PLASTIQUES

Là encore, l'école maternelle doit développer la conduite créative de l'enfant et pour cela s'appuyer sur son grand pouvoir d'imagination et d'invention. Mais on ne crée pas à partir de rien. Si l'on peut se fonder sur le désir de l'enfant, il faut l'aider à construire ses représentations. Le dessin qui ne reconnaît aucun objectif défini ni consigne claire ne serait qu'une activité occupationnelle qui n'apporterait rien à l'enfant. Le maître doit organiser des situations qui permettent à l'enfant de regarder, de toucher, de réaliser dans le cadre d'un projet.

Dans le cadre d'une école, tout n'est pas possible. Si nous devons former des citoyens responsables, nous devons aussi aider l'enfant à se former un esprit critique, à exprimer des goûts et des choix. Dans le domaine de l'art, il n'est pas question de dire ce qui est beau ou ce qui est laid mais d'aider l'enfant à exprimer sa sensibilité. Pour cela, il faut le mettre en présence de multiples expressions de l'art afin que peu à peu, par lui-même, il exerce des préférences. Tel peintre, tel sculpteur me « dit » quelque chose, sans comprendre sa technique ni l'analyser, je le ressens comme proche, j'éprouve du plaisir à regarder ses productions.

À l'inverse, tout ce que produit l'enfant n'est pas « beau », c'est une manifestation de sa créativité qui est digne de respect, pas nécessairement d'admiration, mais toujours d'encouragement. Il faut suggérer d'autres matériaux, d'autres supports, un investissement plus large des espaces, une utilisation plus diversifiée des outils : en somme, il faut enrichir son acte et l'inscrire dans une démarche créative. Les activités de production doivent être l'objet de toute notre attention. Produire dans une finalité valorise l'enfant (décorer la classe, offrir un objet, illustrer une histoire, etc.), mais on ne peut produire n'importe quoi, n'importe comment. La production spontanée est nécessairement limitée (et frustrante) faute de techniques. Il faut donc donner à l'enfant les moyens d'être créateur, en travaillant sur les couleurs, les gestes, la matière.

Il faut enfin que l'enfant soit fier de sa production, qu'il s'y reconnaisse, qu'il accepte de laisser cette trace de lui. La responsabilité du maître est donc grande à la fois dans la préparation et le choix des matériaux, dans son soutien lors de la mise en œuvre, dans le dialogue avec l'enfant lorsque la production s'achève.

LA POÉSIE

La création poétique participe du même esprit. Pour pénétrer dans le monde de la poésie, il faut un maître qui propose des clés, qui aide à s'approprier des mécanismes de fonctionnement de la langue bien particuliers. Puis des jeux poétiques permettront de jouer avec des mots et des expressions simples mais proches du vécu et du ressenti. En MS, la création poétique se fera essentiellement sous forme collective, chacun enrichissant la classe de ses propositions. Comme le dit P. Dufayet : « Cette invitation à dire a souvent besoin d'être précisée : on peut obtenir des textes induits, il faut donc accompagner l'invitation d'une consigne plus destinée à amorcer la création qu'à la caractériser, elle sert plus à lancer le mouvement qu'à la diriger. »

5. DES INSTRUMENTS POUR APPRENDRE

Il s'agit de doter l'enfant des « instruments essentiels au travail de l'intelligence » dans la perspective de sa scolarité future. Il ne les possède pas naturellement. Ces « instruments de l'activité intellectuelle supposent des apprentissages construits que, souvent, l'école seule permet ». C'est le cas des techniques graphiques et des techniques de dénombrement, mesure, mise en ordre, de descriptions géométriques du monde, des repérages spatiaux et temporels.

L'ACTIVITÉ GRAPHIQUE

Dès la PS, l'enfant est invité à laisser des traces de son corps. Il les observe avec curiosité, les reconnaît porteuses de sens, elles s'inscrivent dans la conquête de son identité. Très vite, il éprouve le besoin de « signer » ses travaux (comme il voit le maître le faire en inscrivant son prénom) et apparaissent des tracés qui se veulent « écriture ». La volonté de communiquer apparaît et donc la nécessité d'un code transmissible. Le maître peut introduire des signes, des symboles, des codes implicites qui suppléent à un apprentissage prématuré.

En MS, la question se pose différemment, l'enfant par reconnaissance et imprégnation visuelle reconnaît l'écriture normée et a le désir de se l'approprier dans son projet de grandir. Montrer ses possibilités, faire tout comme l'adulte sont maintenant ses préoccupations. Il est mûr pour l'apprentissage.

En amont, le maître étaye cette découverte des formes, des signes graphiques, des codes par l'abondance des observations, par une recherche de sens et d'interprétations. Mais, il amorce aussi l'apprentissage et l'entraînement à l'écriture cursive. Écrire a toujours un sens, un objectif, s'inscrit toujours dans un projet. Écrire est bien un outil intellectuel de mise en œuvre d'une communication. Pour écrire, il faut vouloir, pouvoir, savoir.

Alors que le graphisme reste avant tout un acte ludique même s'il comporte dans sa mise en œuvre des contraintes de manipulation, de transcription sur un plan ou d'éducation de l'œil et du regard, l'écriture est le résultat d'un apprentissage. Cela implique l'assimilation et la reproduction de modèles stricts. Pour apprendre un code de communication sociale, on ne peut que se conformer à ces contraintes. Dans l'écriture, on peut isoler trois composantes : l'une gestuelle, l'autre perceptive, la troisième cognitive. Apprendre à écrire, c'est découvrir le statut de l'écriture et le goût d'écrire, c'est pourquoi le maître doit susciter des situations vraies d'écriture dans lesquelles ce mode spécifique de communication se révèle incontournable. Il doit veiller à l'installation matérielle (tables, outils, orientation par rapport au modèle, supports). Les modèles doivent être strictement normés et affichés en permanence comme référents. En MS, les débuts sont modestes quant à la quantité de la production mais le maître ne cédera en rien sur les exigences d'exactitude des tracés et la conformité au code social.

La découverte d'autres codes sociaux fondamentalement différents peut renforcer efficacement l'intelligence qu'a l'enfant de notre système alphabétique tout en élargissant sa découverte du monde. Le maître doit aussi être très vigilant quant à la position du corps de l'enfant qui écrit afin d'éviter déformations et mauvaises habitudes tout en cherchant la meilleure fonctionnalité possible. La latéralité de l'écriture se fixe définitivement en MS avec l'aide du maître qui doit savoir reconnaître un vrai gaucher d'un gaucher occasionnel ou d'un ambidextre. C'est dans la salle de jeux, dans la cour de récréation mais aussi à la peinture, qu'il faut observer l'enfant afin de privilégier, lors des entraînements à l'écriture, le côté naturel.

En MS, le dessin garde toute sa place, il a même un rôle fondamental, car il est le moyen pour l'enfant de décrire la réalité et d'en rendre compte. Il peut aussi, selon les projets de la classe, être utilisé dans différentes formes de communication et évoluer vers la schématisation, les logos, voire l'élaboration de codes graphiques spécifiques (bande dessinée...).

CLASSIFICATIONS, SÉRIATIONS, DÉNOMBREMENT

Il s'agit de faire acquérir à l'enfant des outils qui deviendront plus tard des opérations de l'activité mathématique.

L'enfant de MS découvre et organise les relations logiques en travaillant sur les collections d'objets: classements, rangements, comparaisons de collections...

C'est par le plaisir du jeu essentiellement que l'enfant va faire des mathématiques sans le savoir, tout particulièrement les jeux de société qui correspondent à une étape significative de sa socialisation. Un jeu se situe nécessairement dans une situation de communication; le maître incite l'enfant à expliquer sa démarche, ses tentatives, ce qu'il a compris de la règle. Peu à peu, tout un vocabulaire se met en place, le vocabulaire mathématique étant réservé à l'enseignant qui sait parfaitement quelles notions mathématiques sont abordées.

Une progression dans les difficultés à aborder est nécessaire, mais c'est la notion de plaisir qui doit primer: les enfants aiment bien lorsqu'ils le possèdent reprendre inlassablement tel ou tel jeu mathématique.

L'approche du nombre se fait naturellement (dé à jouer par exemple) même si la quantification n'est pas uniquement numérique et peut dépasser les possibilités de dénombrement de l'enfant. La GS ordonnera ces multiples acquisitions et permettra la mise en place d'un vocabulaire spécifique, une meilleure capacité de verbalisation, une véritable élaboration de procédures de dénombrement.

La reconnaissance des formes se poursuit; elle prépare à la géométrie par la multiplication d'expériences diverses. En MS, il faut élargir ces expériences en faisant varier la taille des objets, la diversité des formes, de façon que l'enfant commence à dégager des catégories. Il ne s'agit pas de réduire ces expériences à l'observation, tout doit passer par le corps et le geste: ces formes seront vécues (rondes fermées, farandoles ouvertes), construites, tracées dans des espaces proches mais aussi extérieurs à l'école.

LES REPÉRAGES DANS L'ESPACE

Ils relèvent d'un apprentissage de compétences transversales. S'ils sont à rapprocher des notions mathématiques, ils sont surtout véhiculés par les indicateurs spatiaux du langage et s'ancrent dans une expérience corporelle. En MS, le maître aide l'enfant à décentrer ses repères par rapport à lui-même en jouant sur les trajets et parcours vécus puis représentés. Il faut donner sens aux repérages en changeant la localisation des points de repère. L'enfant peut aussi construire d'autres repères spatiaux (entre des objets par exemple) et exprimer ces relations par rapport à lui tout d'abord puis les uns par rapport aux autres, entre objets enfin. Il aborde les notions d'alignement, de succession, de direction, de sens. Tout sera à consolider en GS. Les rapports métriques (angles, échelles, distance, symétrie) seront abordés au cycle 2.

LES REPÉRAGES DANS LE TEMPS

« Le repérage des événements dans le temps introduit aussi bien à la description des phénomènes physiques qu'à l'histoire des hommes. »

Au travers des rites du matin, c'est toute une prise de conscience du temps qui se fait (hier, aujourd'hui, demain) avec la manipulation puis la construction des repères chronologiques. C'est pourquoi tous les calendriers sont les bienvenus avec leurs façons variées de structurer le temps (semaine, mois, saisons...), toutes les occasions de prendre conscience du temps qui passe aussi (fêtes, événements, sorties, anniversaires). Tout cela passe par la parole qui permet en situation une utilisation fréquente du lexique des repères temporels. Les comptines temporelles imprègnent la mémoire, les projets permettent d'anticiper le temps, la mise en ordre d'événements passés est l'occasion d'une manipulation fructueuse des temps des verbes et des connecteurs de temporalité. Un élevage peut aider à la découverte de la simultanéité (pendant que je travaille en classe, le hamster dort).

V. L'évaluation

1. LE LIVRET SCOLAIRE

ÉVALUER À L'ECOLE MATERNELLE

Le texte du 6 septembre 1990 relatif à l'organisation et au fonctionement des écoles maternelles et élémentaires est clair:

« Un livret scolaire est constitué pour chaque élève. Il comporte:

– les résultats des évaluations périodiques établies par l'enseignant ou les enseignants du cycle réunis en conseil des maîtres;

– des indications précises sur l'acquis de l'élève;

– les propositions faites par le maître et le conseil des maîtres de cycle sur la durée à effectuer par l'élève dans le cycle, les décisions de passage de cycle et, le cas échéant, la décision prise après recours de la famille. »

La loi exige donc qu'il soit instruit dès le début du cycle et selon une périodicité définie par le conseil des maîtres. Il est recommandé en MS une fréquence semestrielle.

QUI ÉLABORE CE LIVRET SCOLAIRE ?

En 1991, le ministère a fait paraître un premier livret complet qui détaille compétences transversales et compétences d'ordre disciplinaire. Cet ouvrage reste la référence officielle. Une version allégée est parue peu après, plus claire, plus maniable, où est introduite une indication nouvelle: la notion de bilan de cycle sur deux ans, suivi d'un bilan de cycle après la troisième année.

Certains éditeurs, dans le but d'aider les maîtres, ont publié des livrets; on peut citer, chez Nathan, en 1993, celui de Pierre Dufayet avec son livret d'accompagnement pour l'enseignant.

Toutes ces aides sont précieuses, car c'est aux maîtres du cycle de forger leur propre outil d'évaluation. Ils le soumettent à l'inspecteur de la circonscription qui le valide, s'il est conforme aux textes, tout en considérant la nécessaire adaptation locale et la prise en compte du projet d'école et de cycle.

QUELLES SONT SES FONCTIONS EN MS ?

La première fonction du livret est la communication et l'information. C'est la fonction « externe » au système qui se situe dans le champ de l'évaluation diagnostique. Il est l'occasion d'échanges, doit être régulièrement communiqué aux parents qui le signent. Il leur est remis en fin du cycle 1.

Il est aussi l'occasion d'échanges entre maîtres (instrument de liaison). Il matérialise par l'évaluation la cohérence du projet éducatif de cycle et l'existence d'un programme de travail annuel fondé sur des compétences repérées, identifiées et observables. C'est pourquoi il est modifiable et toujours à remettre en chantier. Les projets d'école évoluent, des amendements annuels sont possibles: le livret doit en être le fidèle reflet.

La deuxième fonction en MS est d'être un instrument de remédiation: en cela, il relève de l'éducation formative et permet d'élaborer un projet individualisé pour l'enfant en fonction des compétences non acquises. L'évolution de l'enfant de 4 à 5 ans ne suit pas une progression régulière: l'enfant progresse de façon hétérogène, voire désordonnée. Des bilans réguliers permettent d'ajuster l'aide éducative à apporter pour lui assurer un développement harmonieux.

C'est donc un instrument dynamique d'apprentissage. En cela, la notion d'erreur est associée à celles de curiosité, d'audace, envisagée comme un outil d'apprentissage si le maître sait l'analyser pour reconstruire la compétence en fonction de l'approche spécifique que manifeste l'enfant. L'évaluation formative permet de s'assurer des bases avant de commencer la construction, d'échelonner les compétences à acquérir et de les hiérarchiser. C'est en ce sens que les programmes de 1995 demandent à ce que l'enfant « se rende compte qu'il a franchi des étapes, abordé des activités et des domaines neufs [...] L'enfant est associé à l'évaluation de chacun de ses apprentissages. »

La troisième fonction se situe dans le champ de l'auto-évaluation. En effet, le livret fournit au maître un outil précieux permettant de vérifier si les acquis sont solidement installés et pour combien d'enfants. Véritable tableau de bord, il permet d'avoir, compétence par compétence, un instantané de la classe à échéances régulières. S'il constate des difficultés ou des lacunes chez un nombre significatif d'enfants, il peut y porter remèdes et revoir activités et progressions.

2. LA MOYENNE SECTION : UNE FIN DE CYCLE OU UN BILAN INTERMÉDIAIRE ?

La MS, comme la GS, appartient au cycle 1 : l'enfant y consolide la maîtrise des compétences du cycle des apprentissages premiers et commence, s'il le peut, quand il le peut, à aborder les apprentissages fondamentaux. Il n'y a donc pas lieu de faire de la MS une classe de fin de cycle, mais il convient d'élaborer un bilan de parcours au sein du cycle 1. Certaines compétences seront acquises, d'autres pas, et c'est ce bilan qui fondera le projet de travail individualisé et collectif de la GS. Ce bilan de parcours situe chaque enfant par rapport au niveau attendu par le maître pour l'ensemble des enfants de la classe. Il s'agit d'un bilan dressé à un moment donné (la fin de l'année de MS), un instantané nécessairement figé mais inscrit dans une évolution individuelle, une « histoire » propre. C'est pourquoi il doit présenter des garanties particulières : professionnalisme et technicité, que l'on pourrait opposer à subjectivité et globalisme.

Pour aider les maîtres du cycle 1, la Direction de l'évaluation et de la prospective a édité une aide à l'évaluation des élèves. Il s'agit d'exemples de situations d'évaluation pouvant être mises en œuvre dans les classes. Partielles (elles ne concernent que le français et les mathématiques), elles souhaitent engendrer d'autres outils pour les autres champs de compétences.

Des précautions sont à prendre

Une compétence ne peut être cernée par un seul exercice, de même qu'une performance unique ne saurait être la preuve de l'acquisition définitive de la compétence qu'elle révèle. De plus, l'évaluation sur travail écrit ne peut se substituer à l'observation des performances des enfants au cours des activités ordinaires de la classe. Elle permet d'affiner cette observation, de la rapprocher et de la recouper avec les indices recueillis dans plusieurs situations.

Chaque exercice d'évaluation doit se référer à une compétence spécifique, clairement identifiée, incluse dans un programme de travail qui précise à quel moment du cycle 1 cette compétence devra être acquise et dans quel contexte de mise en œuvre.

Cet aspect « technicisé » de l'évaluation a pour but d'éliminer l'imprécision, l'appréciation globale nécessairement subjective, voire injuste, en tous cas illusoire. Restreindre l'évaluation de compétences précises permet d'abandonner l'illusion de l'exhaustivité. Tout ne peut ni ne doit être évalué. Mais cela permet d'objectiver la pratique pédagogique, de recentrer l'observation. L'évaluation ne faisait pas partie de la « culture » de l'école maternelle. Elle y a parfois été reçue avec réticence, voire hostilité ; certains maîtres y voyaient un fichage précoce des enfants matérialisé par le livret scolaire dont le terme même semblait se référer à l'école élémentaire et faisait craindre une « primarisation » de l'école maternelle, fière de sa spécificité et de son histoire.

Élaboré par les maîtres, introduit de façon souple et graduée, utilisé par des spécialistes du jeune enfant, le livret peut être un outil précieux au service de la pédagogie. L'évaluation peut entrer à l'école maternelle de plein droit comme un processus complexe mais riche, au service de l'enfant et des maîtres.

Conclusion

Nous avons souhaité montrer la richesse de la classe de MS et de cet enfant de 4 ans pour qui tout est possible, à qui tout peut être proposé. Non encore engagé dans le cycle des apprentissages fondamentaux, il est au cœur d'une pédagogie du foisonnement, de l'explosion, de la liberté.

Parce que la MS est la classe de l'« explosion », c'est la classe de l'hétérogénéité des développements et des comportements et, par conséquent, celle de la pédagogie par petits groupes : groupes d'intérêt, groupes de niveau, groupes centrés autour d'une tâche, etc. Le maître qui aura développé l'autonomie de chacun saura être efficace dans ces relations en groupes restreints où langage, échanges, apprentissages sont si riches. C'est là aussi qu'il peut diversifier, adapter son action, affiner son observation, prendre en compte les particularités de chaque enfant et lui apporter ce dont il a besoin. Partager un jeu d'imitation dans le coin-déguisement, montrer la graphie d'un mot à écrire, aider à l'installation d'un montage électrique sont des moments forts pour le maître et cela ne peut être efficace qu'en petits groupes. Malgré les effectifs souvent chargés des classes de MS, il faut se donner les moyens de privilégier cette forme d'enseignement.

Comme il a changé cet enfant de 4 ans au cours de la dernière décennie. Il connaît l'ordinateur et sait manipuler (mieux quelquefois que ses parents) les logiciels éducatifs, il sait faire fonctionner le magnétoscope pour regarder ses vidéos favorites, c'est tout juste s'il ne sait pas encore se brancher sur Internet ! Et pourtant, c'est un enfant dont il faut respecter les rythmes biologiques de développement, les stades d'évolution de la pensée...

C'est pourquoi la MS est une classe si attachante ; elle doit prendre en compte toute la modernité de cet enfant plongé au cœur du monde actuel et lui laisser pleinement le droit de vivre sa petite enfance en toute sérénité.

Présentation du fichier

Le fichier qui constitue le deuxième volet de cet ouvrage rassemble 48 fiches détachables, présentant des propositions d'activités répertoriées en reprenant les grands domaines des instructions officielles.

- Vivre ensemble
- Le langage et l'écrit
- Agir dans le monde
- Découvrir le monde
- Imaginer, sentir, créer
- Des instruments pour apprendre

VIVRE ENSEMBLE — Tableau I

TITRE DES FICHES	COMPÉTENCES DISCIPLINAIRES	COMPÉTENCES TRANSVERSALES	ÉVALUATION
La collation du matin **F 1**	• Sensibiliser l'enfant au rôle de la nourriture • Responsabiliser l'enfant face au choix des aliments • Développer son autonomie • Éduquer le goût	• Découvrir • S'interroger • Faire des choix mesurés et s'y tenir • Autonomie et autogestion • Développer ses sens et prendre des indices sensoriels	L'enfant est capable de se souvenir de ses choix Coévaluation de la réalisation de la collation
Apprendre à ranger le matériel **F 2**	• Avoir le sens de la responsabilité et du partage des tâches • Savoir coder • Savoir utiliser un codage	• Savoir s'organiser dans une tâche : méthodologie • Comprendre et respecter des règles de vie collective • Accepter d'écouter l'autre et prendre son avis en compte • S'investir dans un projet à long terme • Mettre en commun ses idées • Rechercher des informations, les utiliser	Les enfants sont-ils capables de s'autodiscipliner ? Ils apprennent à être citoyen de l'école

LE LANGAGE DE L'ÉCRIT — Tableau II

TITRE DES FICHES	COMPÉTENCES DISCIPLINAIRES	COMPÉTENCES TRANSVERSALES	ÉVALUATION
Exemples de situations de langage F0	**Présentation de situations pédagogiques**		
Un projet de classe F 1.1 **Raconter et lire un conte** F 1.2 **Organiser les étapes d'un récit** F 1.3 **Créer un album** F 1.4	• Repérer par imprégnation les constantes de ce type d'écrit : – personnages, chronologie, emploi de connecteurs temporaux… – récit articulé autour d'un début, un milieu, une fin • Savoir terminer un récit amorcé • Ouvrir et nourrir l'imaginaire • Acquérir du vocabulaire, des tournures syntaxiques ; réinvestir • Structurer un récit avec cohérence • Prendre conscience du registre de la langue écrite • Savoir lire un corpus de mots simples • Passer de la langue orale à la langue écrite	• Participer à un travail collectif ou de groupe • Prendre la parole à bon escient, attendre son tour • Savoir écouter et entendre « l'autre » quand il parle • Adhérer à un projet de classe • Réinvestir des acquis par transfert • Notion de rythme, affiner l'acuité auditive	L'enfant est capable : • d'une écoute attentive • d'utiliser un vocabulaire adapté • de prendre des indices sur les écrits proposés • d'aborder la chronologie d'un récit • de citer les personnages essentiels des contes • d'identifier les noms des personnages essentiels des livres • de produire un récit et de le faire évoluer
Conscience phonique F 2	• Rythmer des phrases, des mots • Isoler des syllabes dans des mots		L'enfant est capable : • de suivre un rythme • de le reproduire
Percevoir la relation graphème-phonème F 3	• Repérer la 1re lettre des prénoms • Identifier quelques lettres • Établir des relations grapho-phonétiques simples		L'enfant est capable : • d'isoler une lettre • d'isoler et d'identifier un son

LE LANGAGE DE L'ÉCRIT (suite)

Tableau II

TITRE DES FICHES		COMPÉTENCES DISCIPLINAIRES	COMPÉTENCES TRANSVERSALES	ÉVALUATION
Dire et créer un poème	**F 4**	• Savoir écouter et dire des poèmes variés • Les mémoriser • Produire des créations poétiques • Participer activement au jeu poétique	• Prendre conscience de la sonorité et de la valeur des mots • S'exprimer avec et au travers de ses émotions	L'enfant : • participe activement • sait écouter les autres • attend son tour pour s'exprimer
Activités autour des mots	**F 5**	• Établir une relation image-mot • Identifier son prénom… • S'entraîner à écrire son prénom	• Curiosité pour l'écrit • Repérage d'éléments typographiques ou de lettres porteurs de sens	L'enfant est capable : • de prendre des repères typographiques • de s'intéresser à la chose écrite
Identifier un poster puzzle	**F 6**	• Faire des hypothèses à partir d'indices pris sur l'image • Mettre des informations en réseau • Donner du sens à l'écrit	• Savoir se poser des questions pertinentes, faire des hypothèses • Donner du sens aux informations recueillies	L'enfant est capable : • de repérer des indices porteurs de sens • de valider des hypothèses de départ ou de les invalider
La comptine des jours	**F 7**	• Mémoriser des mots usuels • Mémoriser la succession des jours de la semaine • Identifier des mots	• Organiser son temps • Prendre des repères temporels	L'enfant est capable : • de nommer tous les jours de la semaine dans l'ordre • de s'y repérer par rapport à des activités de classe

LE LANGAGE DE L'ÉCRIT (suite) — Tableau II

TITRE DES FICHES		COMPÉTENCES DISCIPLINAIRES	COMPÉTENCES TRANSVERSALES	ÉVALUATION
Prendre des repères sur des magazines de TV	**F 8**	• Entrer dans le fonctionnement d'un écrit particulier : le journal TV, y prendre des repères • Discriminer et donner du sens à des logos • Lire les jours de la semaine	• Prendre appui sur des éléments pictographiques ou codés pour se repérer dans un récit	L'enfant est capable : • d'identifier et de donner la fonction de ce type d'écrit • de prendre des repères sur cet écrit
Lire les signes conventionnels	**F 9**	• Identifier des idéogrammes • Utiliser les formes : impersonnelle et impérative • Replacer des idéogrammes dans un contexte – les livres • Produire des idéogrammes	• Donner du sens à des signes vus dans divers lieux et sur les objets usuels	L'enfant est capable : • de lire des pictogrammes conventionnels de toute nature
Lire et produire une règle du jeu	**F 10**	• Décrire une image, lui donner du sens • Mettre en relation les informations fournies par l'image et le texte • Produire un écrit		L'enfant est capable : • de faire un lien entre une image et le texte • de dire des actions dans l'ordre d'exécution

LE LANGAGE DE L'ÉCRIT (suite)

Tableau II

TITRE DES FICHES	COMPÉTENCES DISCIPLINAIRES	COMPÉTENCES TRANSVERSALES	ÉVALUATION
Parcourir un catalogue de jouets **F 11**	• Apprendre à manipuler un catalogue • Prendre des repères d'images • Savoir identifier des éléments sur des images • Faire une lettre de requêtes	• Parcourir tout type d'ouvrage en le feuilletant • Prendre des repères iconographiques, ou de couleurs…	L'enfant : • est actif, participe • se repère dans le catalogue • effectue des choix • utilise un vocabulaire précis, une syntaxe correcte
Rencontre avec l'alphabet **F 12**	• Repérer des lettres isolées • Les nommer • Reconnaître une lettre au début d'un mot • Mémoriser le début de la comptine alphabétique	• Lire quelques mots usuels simples • Les écrire	L'enfant est capable : • de mémoriser des lettres rencontrées plusieurs fois • de les nommer

AGIR DANS LE MONDE — Tableau III

TITRE DES FICHES	COMPÉTENCES DISCIPLINAIRES	COMPÉTENCES TRANSVERSALES	ÉVALUATION
Exemples de situations **F 0**	**Présentation de situations pédagogiques**		
ÉDUCATION PHYSIQUE **Avec des feuilles de papier journal :** **« Faire voler… »** **F 1**	• Manipuler un objet particulier • Affiner ses comportements • Faire preuve d'esprit citoyen • Coopérer	• Respecter la consigne • Coopérer • Réajuster ses actions pour plus d'efficacité	L'enfant est capable : • de respecter la consigne de départ • de s'organiser pour devenir plus pertinent • de coopérer
Lancer de ballons ronds **Adresse – force – coordination** **F 2** **Motricité de manipulation**	• Ajuster son geste pour lancer loin, haut… • Perfectionner ses conduites motrices, la coordination motrice • Développer adresse et précision • Mettre les actions en mots	• Verbaliser ses actions • Les conceptualiser • Persévérer sans se décourager • Réfléchir à une meilleure adaptation au jeu – engager une nouvelle stratégie	L'enfant : • affine ses gestes • participe activement • va vers une action aboutie avec persévérance
Autour du verbe « rouler » **F 3** **Grande motricité**	• Prendre conscience de son schéma corporel • Chercher à optimiser l'acte moteur : rouler • Expliquer ses actions		L'enfant : • s'implique dans le jeu • fait preuve d'initiative • verbalise ses actions • les fait évoluer
Jeu de coopération **Jeu en équipes** **F 4**	• Répondre à des consignes • Coopérer pour gagner • Affiner la prise des objets	• S'adapter à une situation • Coopérer pour aller plus vite	L'enfant est capable : • de respecter la consigne • de coopérer au sein de son équipe • de gagner en efficacité gestuelle

DÉCOUVRIR LE MONDE — Tableau IV

TITRE DES FICHES		COMPÉTENCES DISCIPLINAIRES	COMPÉTENCES TRANSVERSALES	ÉVALUATION
Exemples de situations	**F 0**	**Présentation de situations pédagogiques**		
LE TEMPS QUI PASSE **Prendre des repères sur la journée scolaire**	**F 1**	• Identifier des situations vécues • Se situer chronologiquement dans une journée de classe • Savoir trouver des repères	• Acquérir de l'autonomie dans la classe • Donner du sens aux activités	• L'enfant se situe progressivement dans le temps d'une demi-journée puis d'une journée. • Il peut évoquer des situations vécues
Se donner des repères sur la journée scolaire	**F 2**	• Mémoriser la comptine des jours • Identifier les mots correspondants à chaque jour	idem	L'enfant parvient peu à peu à situer un événement passé ou futur, proches.
Situer les dates d'anniversaire sur le calendrier	**F 3**	• Se repérer sur un calendrier annuel • Repérer l'ordre des mois • Percevoir la distance dans le temps	• Évaluer une durée en termes de « long-temps », « très longtemps » • Faire un projet et prendre en compte le facteur temps	• L'enfant repère la date de son anni-versaire sur le calendrier • Il prend conscience de la distance dans le temps
TECHNOLOGIE **Organiser un herbier géant**	**F 1**	• Échanger sur des expériences vécues collectivement • Identifier et nommer des feuilles, des fruits secs…	• Mener un projet à son terme • S'organiser pour y parvenir	L'enfant est capable : • de faire appel à ses sens pour identifier des éléments naturels • de se tenir à un projet et de coopérer pour sa réalisation

DÉCOUVRIR LE MONDE (suite)

Tableau IV

TITRE DES FICHES	COMPÉTENCES DISCIPLINAIRES	COMPÉTENCES TRANSVERSALES	ÉVALUATION
Le moulin à légumes **F 2**	• Démonter et remonter un objet • En saisir la fonction • Le comparer avec un élément de même fonction mais plus récent	• Faire des hypothèses, tâtonner, expérimenter • Ne pas se décourager, argumenter	L'enfant est capable : • de se tenir à une tâche difficile • de réfléchir et de faire preuve d'« esprit critique »
Fabriquer de la pâte à papier **F 3**	• Se servir d'un écrit prescriptif pour parvenir à ses fins • Respecter l'ordre de fabrication • Exercer son esprit critique • Se questionner sur le respect de l'environnement	• Utiliser et donner du sens à un mode d'emploi, une recette • Agir dans un ordre donné avec méthode	L'enfant est capable : • de prendre des repères sur un écrit avec l'aide de l'adulte • de mener un projet à bien
DÉCOUVERTE DU MONDE VIVANT **Élevage d'escargots** **F 1**	• Éduquer les enfants au respect de l'environnement • S'informer sur le mode de vie d'un animal • Respecter les animaux	• Collectionner des informations pour les trier, les organiser • Savoir où aller rechercher des informations • Requérir l'aide de l'adulte	L'enfant est capable : • de rechercher des informations dans des documents • d'utiliser ses connaissances de l'environnement pour respecter la vie animale
Planter des graines, des fruits secs **F 2**	• Organiser la plantation • Repérer et respecter les étapes d'une plantation • Prendre des repères sur la germination et la croissance de la plante	• Faire l'inventaire du matériel nécessaire à la conduite d'un projet • Mener ce projet à son terme • L'évaluer, l'apprécier	L'enfant est capable : • de se poser des questions pertinentes sur la germination et la croissance des plantes • de faire une observation et des croquis de ce qu'il observe

DÉCOUVRIR LE MONDE (suite) — Tableau IV

TITRE DES FICHES	COMPÉTENCES DISCIPLINAIRES	COMPÉTENCES TRANSVERSALES	ÉVALUATION
Les articulations du corps **F 3**	Repérer et nommer des parties du corps humain • Savoir utiliser un pantin pour se représenter • Décrire des positions corporelles	• Utiliser des moyens de représentation : pantin, plan, maquette… • Apprendre à se décentrer, à changer de point de vue	L'enfant est capable : • d'utiliser un vocabulaire adapté et précis • de se décentrer
Du plus jeune au plus vieux **Les âges de la vie** **F 4**	• Prendre conscience de la notion de jeunesse, vieillesse… à partir de critères • Se situer dans sa famille	• Notion de cycle de vie de la naissance à la mort • Notion d'« usure »	L'enfant est capable : • d'identifier des personnes jeunes ou vieilles en termes d'âge • de se situer dans la génération familiale
L'IMAGE **Activités autour d'un film** **F 1**	Apprendre à maintenir son attention auditive et visuelle • Pouvoir raconter ce que l'on a vu • Acquérir du vocabulaire, affiner les formes syntaxiques	• Développer l'action de la concentration • Cerner l'essentiel d'un message, le raconter • Chronologie	L'enfant est capable : • de prendre l'essentiel du message • de le garder en mémoire • de l'évoquer • de respecter la chronologie

IMAGINER – SENTIR – CRÉER — Tableau V

TITRE DES FICHES		COMPÉTENCES DISCIPLINAIRES	COMPÉTENCES TRANSVERSALES	ÉVALUATION
Exemples de situations	**F 0**	**Présentation de situations pédagogiques**		
ÉDUCATION MUSICALE **Écouter, identifier et produire des sons**	**F 1**	• Développer l'activité auditive et l'écoute active • Identifier des sons • Produire des sons avec la voix	• Faire preuve d'une écoute attentive, réfléchie, concentrée • S'écouter les uns les autres	L'enfant est capable : • d'identifier des sons • d'en produire de manière créative et intentionnelle
Comptines et jeux de doigts	**F 2**	• Mémoriser et dire une comptine, la gestualiser • Jouer de sa voix : articulation, modulation, intensité, hauteur	• Mémoriser des courts textes en utilisant des techniques de mémorisation • Enrichir le bagage lexical et syntaxique	L'enfant est capable : • de développer sa mémoire auditive • se repérer dans la musique
Apprendre un chant	**F 3**	• Mémoriser texte et ligne mélodique • Participer à l'action collective	• Coopérer à un projet collectif, s'y affirmer • Lever ses inhibitions	L'enfant est capable : • de participer et de s'investir dans une action collective
Fabriquer des instruments de musique	**F 4**	• Faire preuve d'inventivité, de créativité • Parcourir la palette sonore	• Mener un projet à son terme • Faire preuve d'esprit critique	L'enfant est capable : • de faire des propositions et de les justifier • de coopérer

IMAGINER – SENTIR – CRÉER (suite)

Tableau V

TITRE DES FICHES	COMPÉTENCES DISCIPLINAIRES	COMPÉTENCES TRANSVERSALES	ÉVALUATION
ARTS PLASTIQUES **Organiser un paysage monochrome** **F 1**	• Aller vers une trace intentionnelle • Pouvoir mettre en mots les actions engagées volontairement • Faire preuve d'esprit critique	• S'organiser pour produire • Avoir une intention de production • Se donner des référents	L'enfant est capable : • de mener son projet de création plastique à son terme • de garder en mémoire la technique utilisée pour un réinvestissement ultérieur
Dessiner un visage **F 2**	• Utiliser des outils à bon escient • Faire preuve d'aisance graphique • Laisser une trace intentionnelle représentative	• Développer – l'observation – le vocabulaire spécifique – l'organisation spatiale – le sens du détail	L'enfant est capable : • d'un geste intentionnel • d'une représentation figurative
Dessins **Collages en noir et blanc** **F 3**	• Affiner le regard esthétique • Participer à un projet collectif de classe • Faire preuve d'esprit critique	• Mettre en jeu sa sensibilité dans des choix esthétiques • Découvrir des œuvres	L'enfant est capable : • de se maintenir à la tâche • de s'organiser pour répondre à la consigne
ART DRAMATIQUE **Jouer les déplacements dans la rue** **F 1**	• S'organiser pour mener un jeu à bien • S'exprimer par le corps, jouer à être • Coopérer • Faire preuve de réflexion	• S'organiser pour une tâche • S'organiser dans un groupe, coopérer, tenir une place • Développer l'esprit critique et d'à propos	L'enfant est capable : • de tenir un rôle • de s'y investir • de coopérer • d'affiner des savoir-être

DES INSTRUMENTS POUR APPRENDRE — Tableau VI

TITRE DES FICHES		COMPÉTENCES DISCIPLINAIRES	COMPÉTENCES TRANSVERSALES	ÉVALUATION
Exemples de situations	**F 0**	**Présentation de situations pédagogiques**		
MATHÉMATIQUES **Alterner formes, couleurs, tailles**	**F 1**	• Prendre des repères sur un espace donné • Acquérir la notion « autour de » • Réaliser des alternances diverses	• Mettre en place des stratégies de tâtonnement, de recherche • Savoir s'organiser sur un espace donné	L'enfant est capable : • de respecter la consigne donnée • de se tenir à une contrainte d'exécution
Mémoriser la comptine numérique	**F 2**	• Connaître la suite des nombres • Identifier les premiers chiffres	• Établir des correspondances entre dire, lire, écrire un nombre	L'enfant est capable : • de mémoriser le début de la comptine numérique • d'y recourir si besoin
Le nombre 3	**F 3**	• Faire la relation entre le nombre, la collection représentée et le chiffre	• Comprendre une relation d'ordre ou de collection : le $n^{ième}$; x objets	L'enfant est capable : • de constituer une petite collection • de la nommer
Fabriquer un jeu : les nombres de 1 à 6	**F 4**	• Repérer ou constituer des collections • Identifier et nommer le cardinal d'une collection	• Compter des éléments • Connaître la suite des nombres • Repérer de petites quantités	L'enfant est capable : • de compter les éléments d'une collection • de dire combien d'éléments comporte cette collection

DES INSTRUMENTS POUR APPRENDRE (suite) — Tableau VI

TITRE DES FICHES	COMPÉTENCES TRANSVERSALES	COMPÉTENCES DISCIPLINAIRES	ÉVALUATION
Jeu de dé : **les constellations** **F 5**	• Percevoir l'objet « dé » • Comprendre une règle de jeu simple • Identifier et nommer les constellations de 1 à 6	• Repérer des mises en espace d'éléments • Affiner la perception visuelle • Se constituer des outils de repérage	L'enfant est capable : • de comprendre un jeu à règles • de s'y associer • d'identifier les constellations du dé
Position relative des objets par rapport à soi **F 6**	• Utiliser un vocabulaire lié à l'espace • Utiliser des mots relatifs à l'espace « sur, sous… » comme critères de classement	• Utiliser un vocabulaire spécifique et précis • Savoir coder et décoder des messages idéographiques ou iconiques	L'enfant est capable : • d'évoquer une situation en utilisant des termes de vocabulaire précis • d'utiliser des mots relatifs à l'espace de manière adaptée
Agencer des formes rondes **F 7**	• Identifier la forme ronde • Acquérir les notions de taille • Affiner les notions : en ligne, en colonne, en superposition	• Identifier et trier des éléments selon certains critères • Différencier des organisations spatiales	L'enfant est capable : • de discriminer des formes, des tailles, des couleurs • de se donner des critères de classement
Identifier et trier des formes planes : pavages **F 8**	• Observer, trier, identifier des formes planes • Les différencier • Comparer des figures simples	• Mettre en place des stratégies de tâtonnement et d'approche progressive • Faire preuve de constance dans la tâche	L'enfant est capable : • de respecter la consigne de l'activité • de discriminer des formes planes • de les organiser dans l'espace

DES INSTRUMENTS POUR APPRENDRE (suite) — Tableau VI

TITRE DES FICHES	COMPÉTENCES TRANSVERSALES	COMPÉTENCES DISCIPLINAIRES	ÉVALUATION
ACTIVITÉS GRAPHIQUES **Du dessin au graphisme** **F 1**	• Maîtriser la préhension de l'outil, la pression, l'élan et la précision du geste • Reproduire des éléments graphiques des signes	• Maîtriser l'espace • Soigner sa production écrite • Se tenir à une activité, la conduire à son terme	L'enfant est capable : • de reproduire des traces plus ou moins complexes • de mener le projet à son terme, en conservant soin et précision
Reproduire des lettres d'imprimerie **F 2**	• Repérer des formes graphiques simples • Leur donner du sens • Affiner la motricité fine • Activité graphique intentionnelle	• Donner du sens à un signe conventionnel • Prendre conscience de la valeur culturelle et de communication de l'écriture	L'enfant est capable : • de prendre conscience de l'intentionnalité de l'acte graphique d'écriture • de reproduire un tracé fidèlement

Bibliographie

OUVRAGES GÉNÉRAUX

S. Bougreau, J. Florentin, A. M. Plasman, L. Velay-Florentin, *La lecture, premiers supports,* Nathan, 1987.
J. Bruner, *Comment les enfants apprennent à compter,* Retz, 1987.
J. -P. Boutinet, *Anthropologie du projet,* PUF, 1996.
B. Celeste, *Le développement affectif et social du jeune enfant,* Nathan pédagogie, 1990.
A. M. Chartier, C. Clesse, J. Hébrard, *Lire, écrire,* Hatier, 1991.
B. Chevalier, *Méthodes pour apprendre,* Nathan, 1993.
J. Fijalkow, *Entrer dans l'écrit,* Magnard, 1993.
Groupe de recherche d'Écouen, *Former des enfants lecteurs et producteurs de poèmes,* Hachette, 1992.
Former des enfants producteurs de textes, Hachette, 1994.
Tran Thong, *Stades et concept de développement dans la psychologie contemporaine,* Vrin, 1992.

LANGUE ORALE, LANGUE ÉCRITE

M. J. Boretti, G. Gollet, *Séquences autour du pain avec les 3/4 ans,* coll. « Une année de », Nathan.
J. Cahen, *Langage avec les 3/4 ans,* coll. « Une année de », Nathan.
V. Got, *Langage avec les 4/5 ans,* coll. « Une année de », Nathan.
Y. Jenger, *Comptines rythmées, comptines créées avec les 3/4 ans,* coll. « Une année de », Nathan.
S. Ramon, *Paroles et histoires avec les 4/5 ans,* coll. « Une année de », Nathan.
S. Ramon, *Petits récits pour raconter, rire et inventer,* coll. « Vivre à la maternelle », Nathan.
A. -M. Vigier, *Approche de l'écrit avec les 3/4 ans,* coll. « Une année de », Nathan.

GRAPHISME

S. Breton, P. Dufayet, *Graphismes d'ailleurs,* coll. « Vivre à la maternelle », Nathan.
H. Denat, *Graphisme en MS,* coll. « Vivre à la maternelle », Nathan.

MATHÉMATIQUES

I. Bellicha, S. Grison, *Découvrir les formes géométriques avec les 4/5 ans,* coll. « Une année de », Nathan.
L. Champdavoine, *17 jeux mathématiques en MS,* coll. « Vivre à la maternelle », Nathan.
J. -M. Friedrich, *Maths avec les 3/4 ans,* coll. « Une année de », Nathan.
G. Grandcoin-Joly, *Maths avec les 4/5 ans,* coll. « Une année de », Nathan.
É. Greff, *Logique et mosaïques avec les 4/5 ans,* coll. « Une année de », Nathan.
G. Zimmermann, *Activités mathématiques,* coll. « Vivre à la maternelle », Nathan.

MOTRICITÉ

A. Charlery-Labouche, *Psychomotricité fine avec les 3/4 ans,* coll. « Une année de », Nathan.

HABILETÉS MOTRICES

A. Baudis, Y. Jenger, *Jeux d'expression et de communication,* coll. « Vivre à la maternelle », Nathan.
Cl. Cabus, *Nouvelles activités en EPS,* coll. « Vivre à la maternelle », Nathan.
J. -C. Olivier, D. Varvarais, *Avec des engins roulants pour les 3 à 6 ans,*
coll. « Vivre à la maternelle », Nathan.

TECHNO

V. Got, *Découvertes et expérimentations avec les 4/5 ans,* coll. « Une année de », Nathan.
A. -M. Moulat, *Techno avec les 4/5 ans,* coll. « Une année de », Nathan.

ARTS PLASTIQUES

C. Baraja, I. Bellicha, *Portrait-photo avec les 4/5 ans,* coll. « Une année de », Nathan.
S. Breton, *Le corps et ses représentations avec les 4/5 ans,* coll. « Une année de », Nathan.
H. Denat, *Créer avec des bandes de papier avec les 4/5 ans,* coll. « Une année de », Nathan.
G. Grandcoin-Joly, J. Spitz, *Métamorphoses et re-créations avec les 4/5 ans,*
F. Junqua, *Craie d'art avec les 4/5 ans,* coll. « Une année de », Nathan.
coll. « Une année de », Nathan.
M. J. Sapin, *Encres et graphismes avec les 4/5 ans,* coll. « Une année de », Nathan.

Achevé d'imprimer par Corlet, Imprimeur, S.A. - 14110 Condé-sur-Noireau (France)
N° d'Éditeur : 10065115-(II)-(4,5)-OSB-N-80 - N° d'Imprimeur : 37127 - Dépôt légal : février 1999 - *Imprimé en U.E.*

POUR UNE CLASSE RÉUSSIE EN MS

Marie-Christine Looten
Anne-Marie Moulat

Équipe animée par Yvette Jenger

FICHIER

NATHAN
pédagogie

POUR UNE CLASSE RÉUSSIE EN MS

Marie-Christine Looten
Anne-Marie Moulat

équipe animée par Yvette Jenger

FICHIER

NATHAN
pédagogie

Dans la même collection

Pour une classe réussie avec les 2 ans
Pour une classe réussie en maternelle
Pour une classe réussie en cycle 2
Pour une classe réussie en cycle 3
Pour une classe réussie en PS
Pour une classe réussie en MS
Pour une classe réussie en GS
Pour une classe réussie en CP
Pour une classe réussie en CE1
Pour une classe réussie en CE2
Pour une classe réussie en CM1
Pour une classe réussie en CM2
Pour une classe réussie en AIS

Couverture : Atelier Gérard Finel

Conception : Press & Design

Réalisation : Joseph Dorly

Dessins : Joseph Dorly

ISBN : 2.09.177874.5

SOMMAIRE

Les fiches pédagogiques de cet ouvrage proposent des activités et des situations de classe qui répondent aux exigences de la moyenne section.

Elles ont été élaborées avec simplicité, rigueur et précision, afin d'offrir à chaque enseignant la possibilité de les intégrer à ses pratiques de classe.

Elles se veulent des exemples de pratiques pédagogiques conformes aux textes en vigueur.

Les enseignants pourront prolonger leur réflexion et enrichir les situations de classe en se reportant aux cahiers de la collection « Une année de... » qui traitent, à travers des fiches pratiques, des divers domaines concernant la moyenne section.

Nous avons volontairement limité le nombre de fiches détaillées de cet ouvrage à 48.

Cependant, afin de compléter l'éventail d'activités envisageables avec des enfants de quatre ans, nous avons présenté, au début des grands domaines répertoriés par les programmes de 1995 pour l'école maternelle, une fiche 0.

Cette fiche 0 propose d'autres suggestions de séquences, de thèmes, de projets de travail, cela afin d'élargir le champ des activités possibles avec les enfants de cette tranche d'âge.

Vivre ensemble

VIE COLLECTIVE

« La collation du matin »

Passer commande – Vérifier

OBJECTIFS

• Sensibiliser l'enfant au rôle de la nourriture.
• Faire découvrir l'importance du petit déjeuner face aux choix des ingrédients, par rapport aux grandes catégories alimentaires.
• Éduquer le goût.

NOMBRE D'ENFANTS

Groupe classe, puis avec des groupes de 6 enfants.

DURÉE

• 20 minutes, sur plusieurs semaines.

MATÉRIEL

• Affiche « Je dis oui au petit déjeuner » – Opération Kellog's/ Ligue de l'enseignement (21, rue C. -Fourier, 75013 Paris).
• *Manuel de sciences* Tavernier CM, Bordas.
• Des verres, des couteaux et des cuillères en plastique.
• Du lait, des jus de fruits, de la confiture, du pain, du chocolat, de l'eau, des biscuits, etc.

Stratégie

L'enseignant conduit depuis un certain temps un projet d'éducation à la nutrition avec ses élèves. Il a travaillé autour du menu de la cantine. Il souhaite faire réfléchir les enfants sur les choix nutritionnels de la collation du matin.

1. Entretien sur le petit déjeuner familial

• Pour amorcer l'entretien, l'enseignant rassemble la classe au coin-langage et met au tableau l'affiche : « Je dis oui au petit déjeuner » que Kellog's édite avec le concours de la Ligue de l'enseignement et de l'éducation permanente.
• Spontanément, les enfants décrivent l'image et cernent le sujet que traite l'affiche : le petit déjeuner.
• Les enfants sont invités à raconter comment et avec qui ils déjeunent le matin.
L'enseignant veille à ce que chacun prenne la parole à son tour, sans interrompre un camarade. Quelques petits déjeuners sont listés et comparés au tableau par le maître.
• On constate ensemble que certains enfants déjeunent beaucoup et d'autres pas.
• L'enseignant saisit l'occasion qui lui est offerte pour lire un court texte informatif pris dans le Manuel de sciences Tavernier CM : ce texte informe sur la nécessité de se nourrir correctement le matin. Projet est fait de préparer au mieux une collation pour chaque enfant, chaque jour à l'école.

Passer commande – Vérifier

2. Organiser une collation diversifiée

• Toujours avec le groupe classe, l'enseignant, sous la dictée des enfants, note les aliments que l'on peut retenir pour la collation : lait, chocolat, jus d'orange, biscuits, pain, confiture…

• Un tableau à double entrée est constitué, il comporte : la liste des aliments retenus qui sont codés par découpage dans des publicités, des photos, des images… ; les enfants représentés par leur prénom et leur photo.

• Chacun doit, chaque jour, au moment de l'accueil, venir cocher ce qu'il souhaite pour le petit déjeuner du jour ; s'il a des difficultés à se repérer sur le tableau, il peut demander l'aide de l'ATSEM ou de l'enseignant.

L'enfant note ainsi deux ou trois aliments dont un liquide et un solide. Les menus sont lus à la fin de l'accueil : on compte ensemble combien il faudra de verres de lait, de biscuits…

		x			x	x
	x			x		
		x	x		x	
	x				x	

3. Préparer la collation

• Les enfants chargés de la collation sur le tableau de responsabilité vont préparer tout ce qu'il faut avec l'aide de l'ATSEM : 6 enfants sont rassemblés autour d'une table, près du matériel nécessaire qui est posé sur une table roulante.

• L'enseignant a marqué sur des cartons le nombre requis d'aliments de chaque catégorie ; pour aider les enfants dans leur démarche, il a codé les catégories de produits afin qu'ils puissent se repérer : une croix = un gâteau ; un point = un verre de lait…

			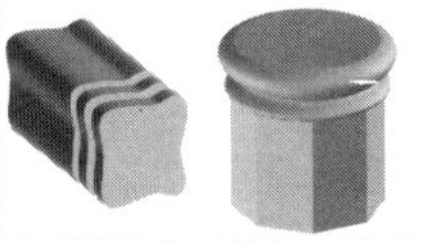
lait 5	biscuits 8	jus d'orange 7	pain et confiture 10
o o o	x x x x	+ + + +	□ □ □ □ □
o o	x x x x	+ + +	□ □ □ □ □

4. Validation du travail

• Le temps de la collation est venu : chacun rappelle ce qu'il a commandé et va se servir.

• On vérifie que chaque enfant a bien maintenu sa commande initiale en se reportant au tableau d'inscription.

• On valide la préparation des collations : Tout le monde est-il servi ? Chacun a-t-il ce qu'il avait commandé ? Reste-t-il des collations non distribuées ?

Il ne reste plus qu'à manger : bon appétit !

VIE COLLECTIVE

« Ranger le matériel »

Organiser le rangement

OBJECTIFS

- Développer le sens de la citoyenneté : être membre d'un groupe et respecter le matériel commun.
- Apprendre à observer des modes de fonctionnement et à les imiter.
- Savoir coder des emplacements et respecter le codage dans une relation terme à terme.
- Utiliser un vocabulaire précis.

NOMBRE D'ENFANTS

La classe, puis avec des groupes de 6 enfants.

DURÉE

Plusieurs fois 20 minutes.

MATÉRIEL

- Catalogues de matériel éducatif Nathan, catalogues de grands magasins.
- Des ciseaux.
- Du film plastique transparent adhésif.

Stratégie

Souvent, au moment de la cessation des ateliers et des jeux dans les coins, les enfants ne rangent pas le matériel mis à leur disposition. Malgré des tentatives d'explications et des rappels à l'ordre, la situation évolue peu.

Une situation problème est posée au groupe : comment ranger le matériel quand on a fini de s'en servir de manière que chacun puisse s'en resservir et le ranger à la même place ?

Une visite des coins est organisée pour constater le désordre, les jeux renversés…

1. Évoquer des situations déjà existantes, s'en inspirer

• Maître et enfants vont rechercher collectivement des solutions de rangement, dans des situations familières aux enfants :

– comment maman range-t-elle les assiettes, les fourchettes, les serviettes ?

– comment le matériel de gymnastique est-il rangé en salle de jeu ? On se déplace dans la salle de motricité pour se rendre compte que les cerceaux sont suspendus à des crochets, les ballons rassemblés dans des corbeilles… ;

– on fait une incursion dans la classe des grands. On s'aperçoit que les boîtes de crayons, de feutres sont posées sur des emplacements codés : les enfants de la classe des grands ont découpé des photos d'objets dans des catalogues.

• De retour en classe, un entretien fait émerger quelques constats qui mettent en évidence la nécessité du rangement : il est utile de coder chaque emplacement pour le retrouver rapidement et ne pas se tromper, on peut essayer de faire comme les grands.

Organiser le rangement

2. Réaliser les codages

• L'enseignant rassemble un groupe de 6 enfants pour l'activité de codage des rangements d'objets ; les autres enfants sont placés en ateliers autonomes.

• Le travail se déroule sur plusieurs séances car un seul coin sera codé à chaque fois.

Codage du coin-cuisine

• On effectue une visite du coin-cuisine et on fait l'inventaire des objets qui s'y trouvent : les enfants nomment chaque objet, l'enseignant les aide s'ils ne trouvent pas.

• Il dresse la liste du matériel sous la dictée des enfants, relit ce qu'il a écrit : cela va servir de référent pour la recherche des codages.

• Il donne pour consigne de rechercher puis de découper dans les catalogues les photos des objets présents dans la cuisine, et dont on a dressé la liste : il la relit.

• Quand un assez grand nombre d'objets ont été repérés et découpés, on se rend dans la cuisine pour choisir ensemble l'emplacement de chaque objet sur les étagères ; les enfants y posent les photos découpées.

• L'enseignant recouvre les photos avec du film plastique transparent.

• On range ensuite les objets correspondants sur les emplacements codés.

les assiettes

les verres

la cocotte

la casserole

la fourchette

la cuillère

le couteau

Codage du rangement des outils scripteurs et manuels

• Un autre groupe de 6 enfants est invité à coder ces emplacements en procédant de même façon que précédemment.

• Les enfants gagneront progressivement en autonomie et en organisation en prenant de bonnes habitudes d'ordre et de méthode.

les ciseaux

les craies

les feutres

ÉVALUATION

• L'enseignant est-il parvenu à faire prendre conscience aux enfants qu'il faut ranger soigneusement le matériel ?

• Les enfants sont-ils capables de coder des emplacements et de respecter ce codage à la longue ?

• Sont-ils capables d'une certaine autodiscipline ?

• Prennent-ils conscience que le matériel est le bien de tous et qu'il faut en prendre soin ?

Le langage et l'écrit

« Maîtrise de la langue »

Exemples de situations de langage

SITUATIONS	OBJECTIFS DISCIPLINAIRES INTERDISCIPLINAIRES	OBJECTIFS LANGAGIERS
Jeu à deux – Jouer à la marchande : jeu symbolique où l'un joue le vendeur et l'autre l'acheteur.	– Organiser un dialogue par jeu d'imitation.	– Structurer un dialogue. – Utiliser des formes interrogatives. – Utiliser un vocabulaire précis.
Jeu à deux – Jeu du téléphone : les enfants sont placés de part et d'autre d'un paravent et munis de téléphones.	– Échanger à distance.	– Dialoguer avec échanges de questions/réponses. – Utiliser un vocabulaire adapté à la situation : on téléphone au médecin, au mari, au dentiste…
Groupe restreint – Devinettes : à partir d'un livre qui présente des devinettes, en créer pour le groupe classe.	– Décrire un objet ou un animal.	– Utiliser un lexique précis pour décrire l'objet : « Il a un dossier et 4 pieds. » – « C'est une chaise »
Groupe classe – À partir d'une recette lue par le maître, lister le matériel nécessaire à sa réalisation et les actions à engager.	– Faire la liste du matériel nécessaire pour une recette. – Faire travailler sa mémoire. – Apprendre de nouveaux mots.	– Utiliser un lexique précis lié aux actions à engager : - verbes d'action ; - nommer les objets ; - connecteurs temporaux.
Groupe restreint – Faire s'exprimer les enfants à partir d'un jeu organisé.	– Nommer précisément un personnage.	– Utiliser une structure syntaxique précise et le conditionnel : « Dans la famille… je voudrais… »
Groupe classe – À partir d'un album sans texte, prendre appui sur les illustrations pour raconter une histoire.	– Inventer une histoire.	– Utiliser du vocabulaire en situation. – Organiser un récit explicite et cohérent.

Exemples de situations de langage

SITUATIONS	OBJECTIFS DISCIPLINAIRES INTERDISCIPLINAIRES	OBJECTIFS LANGAGIERS
Groupe classe – À partir de 3 ou 4 photos qui racontent une histoire et qui sont placées dans le désordre, les replacer et raconter l'histoire.	– Raconter une histoire dans l'ordre chronologique.	– Utiliser des adverbes de temps : « d'abord, après, ensuite, enfin… » – Créer un champ sémantique pour raconter l'histoire avec un vocabulaire précis. – Verbaliser les relations qui font des photos un ensemble organisé.
Groupe classe – Établir un projet. – Définir l'objectif que se fixe la classe, ce qui est nécessaire et le temps de la réalisation.	– S'informer. – Faire l'inventaire des besoins. – S'organiser dans le temps.	– Exprimer des besoins avec clarté et précision. – Anticiper. – Faire des hypothèses. – Argumenter.
Groupe restreint – Donner un ordre à exécuter à un camarade : « Cache un livre sous la table. »	– Comprendre une consigne.	– Comprendre le sens d'un message, ne rien oublier. – Aller vers des consignes multiples.
Groupe collectif – Jeu du vrai-faux : « Les vaches volent : vrai – faux ? » Question posée par un enfant au groupe classe.	– Prendre des indices sémantiques. – Faire appel à l'expérience.	– Être capable de donner dans le message les supports de l'information. – Argumenter la réponse en prenant appui sur le champ sémantique.
Groupe restreint – L'enseignant donne oralement une phrase dans le désordre ; les enfants la reconstruisent.	– Jeu d'action réflexive sur la langue.	– Jeu de permutation sur l'axe syntagmatique de la langue. – Donner du sens à un message.
Grand groupe – Jouer un mot inventé : « hyponoglou » : « J'ai plongé mon hyponoglou dans la confiture » → cuillère.	– Retrouver un mot grâce au contexte.	– Comprendre le sens général d'un message en prenant appui sur le réseau de sens. – Déduire un mot en fonction de l'« environnement ».

LECTURE LANGAGE

« Autour des contes »

Un projet de classe

OBJECTIFS

• Se donner un projet collectif de classe en partant de textes fortement évocateurs, rencontrés lors de l'heure du conte.
• Repérer par imprégnation des constantes du récit : personnage essentiel, chronologie du récit, emploi de connecteurs temporaux...
• Prendre conscience qu'un récit comporte un début, une fin et des rebondissements.
• Être à même de terminer un récit amorcé ou de créer une histoire.

NOMBRE D'ENFANTS

• Groupe classe mais aussi travail en petits groupes, sur le temps des ateliers.

DURÉE

• Activités qui s'enrichissent au fil de l'année scolaire.

MATÉRIEL

7 contes choisis sur le thème du loup :
***Pierre et le loup*, Mango**
***Les Trois Petits Cochons*, Contes en images, Nathan**
***Le Petit Chaperon Rouge*, F. Nathan**
***La Chèvre et les 7 chevreaux*, Nathan**
***Le Loup Loulou*, Les belles histoires, Pomme d'Api**
***Loulou*, G. Solotareff, L'école des loisirs**
***Le Loup Noël*, M. Gay, L'école des loisirs**

CADRE GÉNÉRAL

• Les activités autour des contes vont se développer tout au long de l'année scolaire.
• Elles s'enracinent dans un questionnement ludique des ouvrages et s'enrichissent des échanges entre enfants.
• L'aboutissement du projet sera l'élaboration d'une histoire sous forme d'album qui sera donné à la classe des petits.
• Le nombre d'albums doit être assez important pour nourrir l'imaginaire des enfants et leur faire découvrir des schémas narratifs différents.
• Au fur et à mesure que les contes seront lus et abordés, ils seront déposés dans la bibliothèque de la classe pour permettre une manipulation libre des enfants.
• Chacun aura loisir de se raconter l'histoire et, à l'aide des illustrations, de se faire une représentation mentale des étapes du récit.
• Les livres seront disposés sur un présentoir, afin que les enfants en voient aisément la couverture.
• Des temps plus spécifiques en ateliers seront réservés à des activités plus ciblées : chronologie du récit, noms donnés aux personnages, éléments déclencheurs dans les contes…
• Créer si c'est possible une bibliothèque sonore des contes abordés : enregistrer les textes au magnétophone en respectant le vocabulaire et les structures employés et créer un coin audio où l'enfant pourra écouter le conte tout en feuilletant le livre qui s'y réfère.

Un projet de classe

PROJET PROPOSÉ

• Lire des contes sur le loup et créer une histoire.

APPRENTISSAGES VISÉS

• Apprentissages « autour du conte » par imprégnation de textes traditionnels ou non qui traitent d'un même personnage central : le loup.
• Apprentissage au long cours où vont se perfectionner, s'affiner des compétences de langage, de lecture, d'écrit. C'est un projet interdisciplinaire.
• L'enseignant met en place des situations diversifiées et ludiques qui mettent l'enfant en position de réflexion et d'action.

ÉTAPES ENVISAGÉES

• Prendre le temps de raconter, lire, découvrir les différents contes, et de s'en imprégner : un conte par quinzaine semble le bon rythme.
• Organiser pour chaque conte des activités mettant en évidence un critère particulier de la narration :
– nom donné au personnage principal,
– personnages secondaires,
– chronologie dans le récit,
– notion de fin dans le récit.
• Fabriquer un album à destination d'une autre classe.
Les fiches F1-2, F1-3, F1-4 suivantes, référencées sous la mention « Autour des contes », présentent des activités réalisées dans le cadre du projet.

« Autour des contes »

Raconter et lire un conte

OBJECTIFS

- **Ouvrir et nourrir l'imaginaire des enfants.**
- **Leur faire prendre conscience des structures propres aux textes narratifs, par imprégnation.**
- **Acquérir du vocabulaire, des tournures syntaxiques et les réinvestir.**

NOMBRE D'ENFANTS

- **Le groupe classe.**

DURÉE

- **Plusieurs fois 15 minutes.**

MATÉRIEL

- **Livre : *Pierre et le loup,* Mango.**

Stratégie

L'enseignant se propose ce jour-là d'introduire le conte traditionnel *Pierre et le loup*.
Il a pris soin de bien maîtriser le texte et l'intrigue pour donner au récit toute sa portée.

1. Raconter l'histoire sans support

• L'enseignant, conteur, choisit bien sa place : il se place face aux enfants, visible de tous, car ses mimiques sont aussi importantes que les inflexions de sa voix.
Les enfants sont rassemblés au coin-langage et installés confortablement : « Cric, crac, j'ai une histoire dans mon sac. Il était une fois… »
• La formule magique a été prononcée : les enfants sont prêts à entrer dans l'« ailleurs ». Le conte va faire sortir l'enfant de la réalité et de ses contraintes : c'est un voyage au pays de l'imaginaire, la découverte de lieux nouveaux, de personnages hors du commun.
• Le conte aide l'enfant à se découvrir, à dépasser ses craintes profondes, en particulier celle de l'abandon.
• L'enfant entre dans le conte comme dans une salle de cinéma. Il est suspendu à la bouche de l'enseignant qui raconte : des images mentales s'élaborent ; le cinéma intérieur se déroule, porté par les mots que l'adulte distille…
• L'enseignant, attentif aux émotions qui animent les visages, règle son débit de paroles en fonction de l'écoute de son auditoire. Un coup d'œil circulaire permet de vérifier que chacun suit.
• Parfois, à un froncement de sourcils des enfants, l'enseignant précise rapidement une formulation : une mise au point de vocabulaire, un rappel d'un élément de l'intrigue qui aurait pu échapper, sont dits de manière confidentielle, à voix chuchotée.
• L'enseignant parle, les enfants écoutent : les questions des enfants ne seront posées qu'après le récit.
• Quand l'histoire arrive à son terme, l'enseignant laisse planer un temps de silence pour permettre à chacun de sortir doucement de son rêve éveillé.

Raconter et lire un conte

• Il prend ensuite appui sur des réflexions enfantines pour organiser un temps d'échanges : « Dis, c'est très méchant les loups ? », « Ça existe encore ? »
• Un temps est accordé pour une mise à distance des émotions suscitées par le récit : l'enseignant calme les craintes, aide les enfants à formuler ce qu'ils ont ressenti.
• Entrés dans le conte par l'imaginaire, les enfants n'ont alors pas de support visuel.

2. Lire le conte
• L'enseignant fait le choix de montrer les images au cours du déroulement de l'histoire. À travers la lecture sans concession du maître :
– l'enfant découvre le plaisir de la lecture du livre et du texte ;
– il nourrit son imaginaire ;
– il s'imprègne des structures narratives par la prise en compte des connecteurs temporaux (ce jour-là, à ce moment-là, tout à coup, alors...) par l'usage de temps tels que le passé simple et l'imparfait ;
– il rencontre des mots nouveaux, des tournures syntaxiques parfois complexes et éprouve du plaisir à les dire.
• Le conte se déroule, porté par la voix de l'enseignant qui adopte un débit lent, afin que tous les enfants puissent suivre le fil du récit et puissent réagir au fur et à mesure.
• Les enfants prennent des repères sur les images, reformulent au fil de l'histoire ce que dit le maître. Ils s'imprègnent des structures du conte par cette répétition.
• L'enseignant relira plusieurs fois le conte en s'en tenant fidèlement à ce qui est écrit.

3. Faire raconter par les enfants
• L'enseignant propose aux enfants de raconter eux-mêmes l'histoire que maintenant ils commencent à bien connaître.
• Un enfant est chargé de tourner les pages du livre ; il se positionne à côté du maître, face à ses camarades. Un autre enfant, placé lui aussi à côté du maître raconte l'histoire.
• Lorsque le récit se perd, tous les enfants de la classe peuvent apporter leur contribution.
• L'enseignant veille à ce que les tournures du récit, une syntaxe correcte et le vocabulaire précis employé dans le texte soient repris ; au besoin, il assure lui-même une relecture du passage délicat que les enfants n'ont pas bien mémorisé.
• Les enfants sont amenés à s'approprier le conte : ils en connaissent le fond, ils en retiennent la forme, non seulement au niveau des formules rythmiques et fascinantes, mais aussi au niveau de la structure interne du récit.
• Certains mots sont incompris mais cela n'a pas d'importance, ils sont portés par le contexte ou leur musicalité : ils exercent un pouvoir en eux-mêmes et dans leur mise en réseau avec d'autres mots.

ÉVALUATION
• Les enfants se tiennent-ils à une écoute attentive du conte ?
• Peuvent-ils répéter une histoire en suivant l'ordre des images du livre ?
• Emploient-ils des mots de vocabulaire et des tournures de phrases empruntés au récit fait par le maître ?

LECTURE LANGAGE

« Autour des contes »

Organiser les étapes d'un récit

OBJECTIFS

- **Parvenir à structurer un récit à partir d'indices pris sur la couverture et les images du livre.**
- **Pouvoir comparer l'histoire racontée et ce que dit l'histoire lue par le maître : précision du récit.**
- **Savoir réorganiser chronologiquement quatre étapes du récit.**

NOMBRE D'ENFANTS

- **Groupe classe, puis groupe de 8 enfants.**

DURÉE

- **Plusieurs fois 15 à 20 minutes.**

MATÉRIEL

- **Livre : *Les Trois Petits Cochons*, Contes en images, Nathan.**

Stratégie

L'enseignant se propose de montrer un livre de contes aux enfants et de leur faire aborder l'ouvrage dans son aspect matériel et dans son contenu.
Il a retenu le conte Les *Trois Petits Cochons* que certains enfants connaissent déjà.

1. Échanger sur le livre présenté

• L'enseignant montre aux enfants le livre fermé puis on le feuillette.
• Il attend les premières réactions : les enfants habitués à la lecture d'albums ne doivent pas être en panne d'expression.
• L'enseignant se donne pour tâche de faire émerger à l'oral les repères suivants :
– nommer les différentes parties du livre : couverture, pages, images, texte
– observer attentivement la couverture du livre de conte pour y repérer le titre, l'éditeur, le sens du contenu en référence avec l'illustration : « Ça parle de… »
• Inviter les enfants à dire ce qu'ils pensent être le titre du livre puis leur demander de raconter l'histoire en suivant l'ordre des images.
• L'enseignant note les éléments essentiels dégagés par les enfants lors du récit : une vérification des hypothèses émises aura lieu ultérieurement lors de la lecture du livre par le maître.
• L'enseignant est attentif à :
– l'obtention d'une histoire aussi explicite que possible ;
– l'obtention d'une lecture d'image cohérente : pour ce faire, il n'hésite pas à faire des allers-retours dans le livre, d'une image à l'autre.

2. Lire le texte aux enfants

• L'enseignant lit le conte en respectant scrupuleusement le texte. Les enfants peuvent ainsi s'imprégner des structures et du vocabulaire employés dans le livre.

• Les enfants font alors des remarques sur des éléments et des événements qu'ils n'avaient pas repérés à la lecture des illustrations : les petits cochons ont des noms ; les enfants voient mieux en quoi chaque maison est faite et comment les épisodes de l'histoire s'articulent...

3. Rétablir des images du livre selon l'ordre chronologique

• L'activité rassemble 8 enfants.

• Les autres enfants sont occupés à des tâches autonomes en ateliers : graphisme, jeux mathématiques, modelage, puzzles...

• Le maître met à la disposition des enfants quatre images de l'histoire. Ces quatre étapes sont choisies par l'enseignant de manière à mettre en évidence les changements d'état des situations : éléments déclencheurs, amorce du récit et chute du récit...

• Les quatre images sont placées dans le désordre au tableau : les enfants sont amenés à manipuler ces images pour reconstituer le récit.

• Un échange langagier a lieu au sein du groupe, autour des images, pour retrouver le bon ordre.

• Une fois l'ordre chronologique établi, les enfants dictent à l'adulte le texte à replacer sous chaque image : l'enseignant écrit sous la dictée des enfants ce qui est énoncé.

• Ces productions écrites seront relues avec un autre groupe d'enfants de la classe qui pourront faire des commentaires et des critiques sur ce qui a été écrit : le texte est-il explicite, complet... ?

• Le texte sera affiné avec l'ensemble des enfants.

ÉVALUATION

Le maître, à travers des activités de même type, se proposera de vérifier :

• que les enfants ont compris l'histoire ;

• qu'ils utilisent les termes de vocabulaire et la syntaxe du livre ;

• qu'ils parviennent à prendre des indices sur la couverture et les illustrations ;

• qu'ils s'essaient à mettre les étapes du récit dans l'ordre chronologique.

LECTURE ÉCRITURE

« Autour des contes »

Créer un album

OBJECTIFS
- Construire une histoire à partir de trois personnages.
- Être capable de produire un texte cohérent et structuré.
- Réinvestir un certain vocabulaire.
- Stimuler l'imaginaire et faire émerger des images mentales.

NOMBRE D'ENFANTS
- Groupe classe pour l'essentiel.
- Petits groupes pour la constitution de l'album.

DURÉE
- Plusieurs fois 20 minutes.

MATÉRIEL
- Les livres de contes cités fiche 1.
- Des cartes représentant les personnages des différents contes.
- Des feuilles blanches.
- Des feutres, de la peinture, du fusain, de la sanguine...

Stratégie

Après avoir rencontré de nombreux contes dont le personnage essentiel est le loup, les enfants sont amenés, dans le cadre du projet de classe, à créer une histoire de loup à destination d'autres enfants. Les enfants connaissent les sept contes et savent les raconter. Ils en connaissent les personnages principaux. Ceux-ci sont représentés sur des cartes et des jeux d'identification sont organisés.

le loup

la chèvre

le petit cochon

le chasseur

On se propose de reprendre ces cartes, d'en tirer trois au hasard, et de construire une histoire autour de ces trois personnages, dont le loup.
Cette histoire est ensuite illustrée et structurée sous la forme d'un album.

1. Inventer l'histoire
- Toute la classe est rassemblée au coin-langage.
- L'enseignant se charge de prendre en dictée les propositions des enfants qui sont discutées et validées au sein du groupe.

Créer un album

• On définit ensemble le lieu où l'histoire va se dérouler : la forêt, la clairière, une maison…
• On cerne ensemble le caractère de chacun des trois personnages : pour cela on détermine pour les trois cartes choisies qui remplira chaque rôle : un loup gentil, un chat, un méchant chasseur…
• L'histoire est amorcée : « Il était une fois… » « Il y a longtemps vivait… » Le maître se montre attentif à la formulation retenue par les enfants et l'emploi d'une tournure correcte.
• Le texte s'amorce alors selon une trame que les enfants vont définir. L'enseignant écrit sous la dictée des enfants : très fréquemment, il relit ce qui vient d'être écrit, propose que l'on cherche à préciser un point, une situation… Il alerte les enfants sur la cohérence du récit : il veille en particulier au maintien des personnages et de leur caractère…
• Il incite les enfants à utiliser des adverbes tels que « d'abord, ensuite, tout à coup, mais, soudain… », que les enfants ont rencontrés dans les divers contes entendus.
• L'enseignant veille à ce qu'une logique soutenue soit présente dans le texte produit : il prend garde en particulier à ce que l'intrigue garde toute sa portée.
• Le texte définitif est relu aux enfants qui apportent les dernières modifications : on repérera sur ce temps les répétitions concernant la dénomination des personnages : « le loup, il… ». On cherchera ensemble des substituts : « l'animal », « la bête »…

2. Illustrer le livre

• Les différents épisodes de l'histoire créée sont illustrés lors d'ateliers de dessin. Diverses techniques sont employées pour rendre le livre plus attrayant : monotype, dessin au fusain, à la sanguine, aux feutres… Les dessins les plus représentatifs sont choisis par toute la classe pour figurer dans l'album.
• Chaque illustration est ensuite complétée par un passage du texte, que les enfants placent en vis-à-vis : la page de gauche est réservée à l'illustration, celle de droite au texte qui y correspond.
• La couverture du livre est réalisée par un groupe d'enfants : on choisit l'illustration la plus « parlante », on détermine l'emplacement du titre et son intitulé…
• L'album est monté et relié, puis photocopié, afin que chaque enfant puisse disposer d'un exemplaire qu'il montrera chez lui.
• Le maître donne l'album à la classe des petits comme le projet le prévoyait et organise une rencontre entre les deux classes pour une « critique » de l'album : l'histoire a-t-elle plu aux petits, l'ont-ils comprise, qu'en pensent-ils ?

ÉVALUATION

Le maître évaluera la capacité des enfants à puiser dans les contes donnés à entendre pour construire une histoire :
• utilisation de termes de vocabulaire et de tournures syntaxiques ;
• présence des personnages ;
• rebondissements dans l'histoire…

L E C T U R E

« Conscience phonique »

Du rythme à la syllabe

OBJECTIFS

- **Sensibiliser les enfants au parler rythmé.**
- **Prise de conscience de la notion de syllabes dans un mot.**

NOMBRE D'ENFANTS

- **Groupe classe, rassemblé au coin-langage.**

DURÉE

- **Plusieurs fois 15 minutes.**

MATÉRIEL

- **Une grande feuille 50 cm x 70 cm.**
- **Des feutres.**
- **Étiquettes des prénoms des enfants de la classe.**
- **Des images d'animaux et d'objets.**

Stratégie

L'enseignant introduit une nouvelle comptine* en classe.
Il l'a dit plusieurs fois en changeant d'intonation : voix gaie, triste, endormie…

Papa l'a dit
Maman l'a dit
Mamy l'a dit
Et moi aussi

Les enfants mémorisent rapidement la comptine en la récitant plusieurs fois.

1. Associer le rythme et les syllabes

• Le texte est à nouveau dit, mais cette fois il est associé à une pulsation : spontanément, c'est la syllabation qui est donnée rythmiquement :

Pa – pa – l'a – dit
Ma – man – l'a – dit
Ma – my – l'a – dit
Et – moi – au – ssi

• La pulsation est reprise sur plusieurs modes logiques : frappés sur les cuisses, balancements du corps, frappés dans les mains…

• Cette pulsation, rythme de la syllabe, est ensuite codée sous forme de traits horizontaux par un enfant, sur une grande feuille qui est accrochée au tableau :

*Jenger Y., *Comptines rythmées, comptines créées avec les 3/4 ans,* coll. « Une année de », Nathan.

Du rythme à la syllabe

– – – –
– – – –
– – – –
– – – –

• La comptine est ensuite recopiée par l'enseignant en respectant les codages.
• Elle est lue par les enfants rythmiquement, plusieurs fois.

2. Marquer les syllabes de prénoms
• Un jeu de frapper des syllabes est organisé avec les prénoms des enfants de la classe.
• L'enseignant rassemble les étiquettes-prénoms des enfants dans une corbeille.
• Un enfant tire un prénom de la corbeille : le prénom est identifié, lu, puis il est décomposé en syllabes.
• Les enfants répètent chaque prénom : qui a le plus ou le moins de syllabes dans son prénom ?

VINCENT	Vin – cent	2 syllabes
AMÉLIE	A – mé – lie	3 syllabes
DOMINIQUE	Do – mi – ni – que	4 syllabes

• L'enseignant prend le temps d'écrire chaque prénom au tableau et de marquer les syllabes :

DO MI NI QUE   RÉ MI

3. Jeu de création
• La comptine de départ est ensuite reprise.
• Les personnages (papa, maman…) sont remplacés par les prénoms de la classe.
• Un nouveau jeu de pulsations est engagé :

Rémi l'a dit
Francis l'a dit
Dominique l'a dit
Et moi aussi

4. Décomposer en syllabes
• Des images d'animaux et d'objets sont rassemblées.
• Un enfant en choisit une et la montre.
• L'image est identifiée et nommée par les enfants : un tigre, un cartable…
• L'enseignant a alors le souci de nommer chaque chose ou animal en reformulant : un tigre, le tigre… TIGRE.
• Insister sur le mot *tigre* en l'isolant du déterminant et en faisant frapper dans les mains : TI – GRE.
• Écrire chaque mot au tableau en le mettant en correspondance avec son image :

TIGRE  CARTABLE 

ÉVALUATION
• Le maître évaluera la capacité des enfants à marquer le rythme.
• Les enfants sont-ils capables de repérer les syllabes et de simultanément les dire et les frapper ?
• Parviennent-ils à les reconnaître dans des prénoms écrits au tableau ?

LECTURE

« Percevoir la relation graphème-phonème »

Je vois des lettres – J'entends un son

OBJECTIFS
- Repérer la première lettre des prénoms, les nommer.
- Identifier une lettre dans différentes typographies.
- Établir une relation grapho-phonétique simple.
- Articuler et entendre le son [l] et le répéter dans des mots.

NOMBRE D'ENFANTS
- Classe entière et groupement de 8 enfants sur certains temps.

DURÉE
- Plusieurs fois 15 minutes.

MATÉRIEL
- Étiquettes-prénoms qui servent pour l'appel, tableau magnétique et aimants.
- Revues, catalogues, publicités alimentaires.
- Ciseaux, colle, crayons de couleurs.
- Feuille Canson grand format.

Stratégie

Chaque jour, les enfants utilisent leurs étiquettes-prénoms pour repérer les présents et les absents dans la classe. L'enseignant demande, cette fois, de ranger les étiquettes des présents sur un tableau magnétique, en plaçant les prénoms qui commencent par la même lettre les uns sous les autres.

1. Repérer la première lettre du prénom, la nommer

• Chaque enfant vient placer son étiquette-prénom au tableau, en tenant compte de celles qui sont déjà disposées de sorte que tous les prénoms qui commencent par la même lettre forment une colonne :

Arthur	Damien	Lucie	Franck
Amélie	Daniel	Leïla	Francine…

• Les prénoms sont relus ensemble ; on insiste sur la première lettre en les lisant.
• L'enseignant fait le choix de cibler précisément la lettre « L » pour une observation visuelle.
• La liste des prénoms commençant par « L » est gardée en affichage, les autres étiquettes sont rangées. La lettre « L » est nommée, prononcée plusieurs fois.
• Elle est écrite par le maître sous différentes typographies au tableau, en majuscules, en minuscules :

L l *L* *l* *l*

Je vois des lettres – J'entends un son

2. Identifier différentes graphies de la lettre « L »

• L'enseignant rassemble autour de lui un groupe de 8 enfants. Les autres enfants sont répartis dans des ateliers autonomes.

• L'enseignant propose aux enfants de rechercher dans des revues, des catalogues, des lettres « L » comme celles qu'il a tracées au tableau, voire d'autres, et de les découper.

• Les lettres découpées sont rassemblées dans une corbeille : elles sont réexaminées au niveau du groupe d'enfants ; celles qui ne correspondent pas au critère « L » sont éliminées après échange de points de vue au sein du groupe. Elles sont ensuite collées sur un grand support pour constituer un affichage référent.

3. Repérer la lettre « L » dans des mots, identifier le son [l]

• Des mots illustrés par des images sont donnés à voir et à prononcer aux enfants.

• Ceux-ci peuvent s'exercer à :

– repérer la lettre « L » dans ces mots : la lettre est entourée au crayon ;

– à dire les mots.

des lunettes

la lune

une plume

un clown

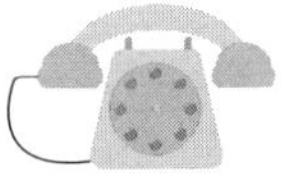

un téléphone

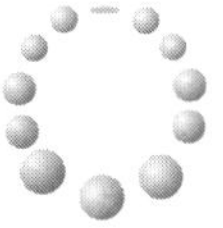

un collier

une étoile

4. Prononcer et entendre le son [l]

• Organiser un jeu de « marchande » : montrer aux enfants des images de produits alimentaires découpés dans des publicités de grandes surfaces : on ne peut acheter que des produits où l'on entend [l] : « Au marché j'achète : du lilas → oui ; des carottes → non ; une poule → oui ; un lapin → oui… »

• Frapper une comptine :

Le maître dit plusieurs fois la comptine avec les enfants qui sont invités à frapper dans leurs mains quand ils entendent le son [l] :

Polichinelle
Monte à l'échelle
Casse un barreau
Et plouf
Dans l'eau

• La comptine est écrite par l'enseignant au tableau : les enfants la relisent avec son aide puis soulignent le son [l] lorsqu'ils l'entendent dans la comptine.

ÉVALUATION

• L'enseignant évaluera l'acuité visuelle et auditive de ses élèves.

• Il vérifiera si les enfants ont été capables d'identifier la lettre « L » et d'établir une relation entre la lettre et le son.

LECTURE ÉCRITURE

« Dire et créer des poèmes »

Vers la création poétique

OBJECTIFS

- **Écouter et dire des poèmes variés ; savoir les mémoriser aisément en faisant varier la diction.**
- **Produire un texte poétique.**

NOMBRE D'ENFANTS

- **Groupe classe rassemblé au coin-langage.**

DURÉE

- **Plusieurs fois 15 minutes.**

MATÉRIEL

- **Trois grandes feuilles blanches 50 cm x 70 cm.**
- **Des feuilles de cahier de brouillon.**
- **Des feutres fins et gros.**

Stratégie

L'enseignant propose souvent des poèmes aux enfants. Il développe ainsi leur curiosité, leur amusement, leur perplexité.
Il les choisit en fonction de leurs rimes, des répétitions syntaxiques ou suivant un thème.

1. Entendre et lire des poèmes

• L'enseignant propose deux poèmes sur le temps :

Donnez-moi le temps
Le temps de respirer
Le temps de voir les fleurs
Celui de sentir le vent
Donnez-moi le temps
Le temps de monter aux arbres
Le temps de grandir
Celui de vivre et de mourir
Donnez-moi le temps
Le temps de vous sourire
Le temps d'espérer
Celui de regretter
Donnez-moi le temps,
S'il vous reste un peu de temps.

P. Dufayet, inédit.

Tant de temps
Le temps qui passe
Le temps qui ne passe pas
Le temps qu'on tue
Le temps de compter jusqu'à
Le temps qu'on n'a pas
Le temps qu'il fait
Le temps de rêver…

Ph. Soupault, *Poèmes et poésies*, Grasset.

• Afficher ces poèmes au tableau : les écrire sur une grande feuille, tout en les disant, devant les enfants.
• Pour aider les enfants à pénétrer dans un autre registre de langue, le poème est lu, relu, mémorisé.
• Permettre à chacun de s'exprimer sur le poème, s'il en a envie.
• Insister sur les façons de poser la voix et sur la respiration : dire les poèmes avec les enfants en changeant la façon de le dire : vite, lentement ; avec différentes expressions : enjouée, chagrine, en colère... ; en changeant les groupes de souffle ; en mettant en valeur certains mots du texte ; en variant le rythme ; en adoptant une voix grave, acidulée... ; en le disant ensemble, à deux, seul.

2. Créer un poème

L'approche du maître et des enfants se situe dans un univers ludique : jouer avec la langue, se jouer de la langue, faire comprendre aux enfants que la poésie est un autre langage que celui de la communication factuelle.
• L'enseignant incite les enfants à produire un poème à partir d'une structure de base (reprise d'un groupe de mots, jeux de rimes simples...), puis tente de faire appel à l'imaginaire des petits pour créer du texte poétique qui échappe au réel. Par exemple : « Papillon blanc/Signe de beau temps... »
• S'efforcer de réinvestir la structure donnée en utilisant le vocabulaire dont les enfants disposent : s'obliger à rechercher des structures appropriées au modèle donné.
• Au fur et à mesure que les enfants proposent des vers qui riment, l'enseignant les note sur une feuille puis relit tout le poème créé en incorporant les nouveaux vers. Montrer, en relisant les trouvailles enfantines, que l'on peut trouver du plaisir à dire des mots, à les associer.
• On peut obtenir un texte de cette nature :

Papillon blanc
Signe de beau temps
Papillon bleu
Je suis heureux
Papillon noir
Voici le soir
Papillon rouge
Plus rien ne bouge...

• Le dernier vers est rendu de manière à inciter les enfants à poursuivre.
• Lorsque le poème est achevé, l'enseignant le relit en jouant sur l'intonation, en appuyant sur certains mots. Il le recopie ensuite sur une grande feuille, au tableau, sous la dictée des enfants, en essayant de reformuler une phrase peu harmonieuse, et coopérer dans la recherche.
• Le poème créé, dûment complété, sera envoyé dans la classe de CP voisine. Il reviendra quelque temps après dans la classe : les élèves de CP l'auront mémorisé et viendront le dire aux enfants de la classe.

Évaluation

• L'enseignant s'assurera de la participation active de tous les enfants à cette activité.
• Il notera les enfants qui se sont associés plus volontiers que d'autres et qui ont trouvé un réel plaisir à ces jeux de langue.
Il évaluera la diversité du registre de langue utilisé : emploi de verbes d'action, d'adjectifs variés.

LECTURE

« Activités autour des mots »

Avec les prénoms

OBJECTIFS

- **Reconnaître et apparier photos et prénoms des camarades.**
- **Expliciter les critères d'identification de son prénom.**
- **Repérer des lettres dans les prénoms.**
- **S'entraîner à écrire son prénom.**

NOMBRE D'ENFANTS

- **Groupe de 8 enfants.**

DURÉE

- **Plusieurs fois 15 minutes.**

MATÉRIEL

- **Des photos des enfants de la classe.**
- **De la cartoline.**
- **Des feutres effaceurs.**
- **Des pochettes transparentes.**

Stratégie

Chaque matin, les enfants viennent compléter le tableau des présents. Une activité plus spécifique va être conduite avec le maître pour observer et évaluer la façon dont chacun identifie son prénom et celui de ses camarades de classe.

1. Reconnaître des prénoms

• L'enseignant rassemble un groupe de 8 enfants.

• Le maître dispose sur une table d'une part les photos des enfants et d'autre part leurs prénoms ; ceux-ci sont écrits en script et en cursives, et présentés sur des étiquettes de format 5 cm x 15 cm, afin d'être convenablement visualisées et manipulées.

• Le maître demande à chaque enfant d'identifier et de rassembler : sa photo et son prénom ; la photo et le prénom de ses amis.

• La situation pourra être complexifiée par l'apport d'un prénom sans photo qu'il faudra tenter de reconnaître, de nommer…

2. Isoler son prénom

• Le maître fournit à chaque enfant un jeu d'étiquettes de prénoms. Dans ce jeu figurent les noms de quelques camarades et plusieurs fois le prénom de l'enfant.

Il doit alors repérer son prénom et l'isoler des autres, en disant au maître et à ses camarades quels repères il prend au niveau du mot, pour identifier son prénom : tréma, double lettre, lettre initiale du mot…

Avec les prénoms

• Une lecture sélective du mot, en l'occurrence du prénom, a aussi lieu : repérage plus ou moins rapide du mot dans sa globalité.
• Si une erreur est commise dans le choix des étiquettes par l'un des enfants, une comparaison est faite avec l'aide du maître entre le prénom de l'enfant et l'autre prénom :
– observation attentive lettre à lettre : certaines lettres sont identiques et d'autres non ;
– les montrer, les nommer et conduire des jeux sur les sons correspondants.
• Regrouper les prénoms qui commencent par la même lettre.

3. Jeux autour des prénoms

• Avec l'appui du maître, les enfants, en possession de huit à dix prénoms écrits sur des étiquettes cartonnées, vont réaliser des jeux :
– classer les prénoms du plus long au plus court ; afin de rendre la longueur plus visible, les mots seront placés les uns sous les autres :

Alexandre
Anthony
Julien
Marc

– isoler les prénoms qui ont des lettres particulièrement repérables : il s'agit ici de rendre l'enfant sensible à la composition des mots : jambage des lettres par exemple.

Marc	Marc	Marie	*Marie*	*Isabelle*	Isabelle	Julien	*Julien*
Anne	Anne	René	*René*	*Stéphane*	Stéphane	Estelle	*Estelle*

4. S'entraîner à écrire son prénom

• Le maître a écrit le prénom de chaque enfant sur un carton de 5 cm x 10 cm, en lettres cursives. Ce support cartonné est placé dans une pochette en polypropylène transparent.
Consigne : retracer chaque lettre à l'aide d'un feutre à tableau ou replacer des lettres isolées sous son prénom.
• Les productions sont photocopiées pour figurer sur l'arbre aux prénoms : chaque étiquette sera maintenue par une bande de Velcro.

ÉVALUATION

Le maître sera sensible à la façon dont les enfants prennent des repères sur le mot pour identifier leur prénom.
Il sera aussi attentif à l'intérêt suscité par ce type d'activité de lecture auprès de chaque enfant.

LECTURE LANGAGE

« Identifier un poster-puzzle »

Du puzzle à la reconstitution du poster

OBJECTIFS

- **Faire des hypothèses à partir d'indices pris sur une partie de l'image : couleurs, formes, écriture...**
- **Mettre les indices en relation pour créer un réseau de sens.**
- **Vérifier les hypothèses émises lorsque le support est dévoilé : hypothèses valides ou non.**

NOMBRE D'ENFANTS

- **Groupe classe rassemblé au coin-langage.**

DURÉE

20 minutes.

MATÉRIEL

- **Poster du Comité français d'éducation pour la santé (CFES) (2, rue Auguste Comte, 92170 Vanves).**
- **Du papier calque.**
- **Du papier Canson.**
- **Du gomme fixe.**

Stratégie

Le maître se propose de faire réfléchir les enfants sur les indices à prendre sur un poster.
Il s'agit d'un poster édité par le Comité français d'éducation pour la santé : « Comme lui, lavez-vous les dents. »
L'image du poster va être divisée en plusieurs parties. Grâce à une feuille de papier calque, on découpera dans une feuille de papier Canson, des caches correspondant aux différentes parties du poster-puzzle. Ces caches masqueront les parties de l'image.

1. De quoi s'agit-il ?

- Le format affiche permet à l'enseignant de conduire l'activité en grand groupe.
- Au début de la séance, des caches recouvrent toute l'image du poster.
- L'un des caches est enlevé, le maître choisit un cache qui recouvre une partie d'image plus ambiguë qu'une autre, afin de favoriser l'émission d'hypothèses multiples : des formes géométriques en triangle peuvent évoquer aussi bien les montagnes que des dents ou une couronne…
- Les enfants sont amenés à décrire la partie d'image dévoilée et à faire les premières hypothèses sur celle-ci. Ils doivent, en observant attentivement le support, essayer de deviner, déduire, ce que cela peut être et de quoi doit traiter le reste de l'affiche.
- Un deuxième cache est enlevé : les enfants continuent à dire ce qu'ils voient ; ils nomment des couleurs, des formes, des objets…

2. Avoir compris

• Les enfants sont amenés à mettre en cohérence les parties dévoilées du puzzle : un réseau de sens se crée qu'ils devront avaliser ultérieurement : « Ça parle de… », « C'est un oiseau qui… »

• Ils doivent observer chaque morceau du puzzle, verbaliser leurs convictions, leurs réflexions, faire des déductions en fonction des parties visualisées. Les enfants sont placés en position de chercheurs : ils vont à la recherche d'indices pour donner du sens au support d'image.

• Ils procèdent par associations d'idées : une brosse à dents évoque le brossage des dents, les triangles blancs les dents d'un animal… lequel ?

• D'un message visuel émergent des réflexions et remarques enfantines : les enfants exercent leur sens logique.

• Le texte est repéré : les enfants notent que le message est tronqué : on n'en voit qu'un morceau, le reste est masqué par un cache.

• D'hypothèse en hypothèse, les enfants avancent dans la compréhension du message véhiculé par le poster : lorsque tous les caches sont enlevés, les enfants sont à même de constater que leur interprétation du message est relativement correcte.

• L'enseignant reformule le message véhiculé par l'image et lit le slogan : « Comme lui, lavez-vous les dents. » Les enfants peuvent constater que l'écrit renforce le message porté par l'image.

Évaluation

Évaluer la façon dont chaque enfant prend des repères, des indices sur les parties d'images.

• Se contente-t-il d'énumérer ce qu'il voit ?

• Essaie-t-il de formuler une hypothèse, de donner du sens à ce qu'il voit ?

• Parvient-il à mettre deux morceaux du puzzle en relation pour dégager le sens du message véhiculé par le poster ?

« La comptine des jours »

Les jours de la semaine

OBJECTIFS

• Mémoriser les mots de chaque jour de la semaine, les identifier globalement.
• Discriminer des lettres, la longueur d'un mot, en référence aux jours de la semaine.

NOMBRE D'ENFANTS

• Groupe classe.

DURÉE

• Plusieurs fois 10 minutes.

MATÉRIEL

• Une grande feuille 50 x 60 cm.
• De la cartoline blanche.
• Des feutres.
• Du gomme fixe.
• Des ciseaux.

Stratégie

La comptine des jours est introduite en classe par l'enseignant, pour faciliter la mémorisation des jours de la semaine.

Bonjour madame LUNDI
Comment va madame MARDI ?
Très bien madame MERCREDI
Vous direz à madame JEUDI
De venir VENDREDI
Car je pars SAMEDI
Pour arriver DIMANCHE

• La donner à entendre, à ressentir, à voir.
• Lire et relire la comptine.
• La dire et la répéter phrase à phrase pour la mémoriser : l'enseignant dit une phrase que les enfants reprennent en écho, puis à la suite les unes des autres…

Premier temps

• Écrire la comptine sur une affiche, en la récitant lentement avec les enfants ; utiliser une feuille 50 x 60 cm. Donner le spectacle d'un adulte en train d'écrire un message.
• Afficher la comptine au tableau, en écriture scripte.
• Insister, par la diction, sur le dernier mot des vers, en redisant ensemble la comptine.
• Repérer avec les enfants les jours de la semaine : LUNDI, MARDI…

Les jours de la semaine

• Faire entourer chaque jour avec un feutre de couleur, sur l'affichage collectif. Inviter des enfants, seuls ou à deux, à dire la comptine des jours en montrant simultanément le jour nommé sur l'affiche :
« Bonjour madame LUNDI » → l'enfant montre le mot LUNDI.
Ce repérage sur la comptine permet d'associer mémoire visuelle et auditive.

Deuxième temps
• Réciter la comptine des jours en montrant les mots relatifs à chaque jour sur le calendrier de la semaine qui est affiché en classe.
• Réaliser de grandes étiquettes sur les jours de la semaine dans de la cartoline blanche.

LUNDI	MARDI	MERCREDI	JEUDI	VENDREDI	SAMEDI	DIMANCHE

• Afficher ces étiquettes en les collant au tableau avec du gomme fixe. Nommer les mots écrits.
• Mélanger ces étiquettes au tableau et demander à des enfants de les replacer dans l'ordre, en ligne puis en colonne.
• Les inciter à reprendre la comptine des jours pour s'aider.

Troisième temps
• Utiliser les grandes étiquettes pour faire des constats sur l'écriture des mots : manipuler les étiquettes, comparer les mots par analogies et différences :
– tous les mots se terminent par « DI », sauf DIMANCHE : c'est particulièrement repérable lorsque les enfants placent les mots les uns sous les autres. La comptine est reprise et dite en insistant sur la dernière syllabe des mots de fin de phrase ;
– LUNDI commence comme LUCY, le prénom d'une élève de la classe ; JEUDI commence par la lettre « J » comme dans JÉROME ;
– MARDI et MERCREDI, placés l'un en dessous de l'autre par un enfant, commencent par la même lettre : un « M » ;
– le mot MERCREDI est plus long que le mot MARDI, peuvent constater les enfants…
• Organiser un jeu de repérage en ne montrant que la première lettre du mot :

L......... J......... V.........

M......... et M......... sont repérés par la longueur du mot.

ÉVALUATION
• L'enseignant vérifiera que les enfants connaissent les jours de la semaine et savent les nommer chronologiquement.
• Il évaluera la façon dont chacun prend des repères sur les mots pour les identifier : reconnaissance globale, identification de lettres, longueur des mots…

LECTURE

« Prendre des repères sur un magazine de télévision »

Rechercher dans un magazine de TV

OBJECTIFS

- **Percevoir la fonction et le mode d'utilisation d'un écrit particulier : le journal de TV.**
- **Donner du sens à des logos.**
- **Lire les jours de la semaine hors du contexte scolaire de la date.**

NOMBRE D'ENFANTS

8 enfants autour d'une table.

DURÉE

20 minutes, plusieurs fois.

MATÉRIEL

- **Des magazines de TV différents.**
- **Des ciseaux, de la colle.**

Stratégie

Un magazine de télévision est introduit en plusieurs exemplaires, dans la classe, par l'enseignant. Ce journal est feuilleté librement par le groupe de 8 enfants, pendant 5 à 10 minutes. Des remarques fusent que l'enseignant recueille avec soin.

Un questionnaire est organisé par le maître pour faire émerger les représentations et les connaissances que les enfants ont de ce type de support : en ont-ils déjà vu ? Où ? À quoi sert-il ? Qui le lit… ? Comment s'appelle cet écrit ? Les enfants ont-ils connaissance d'autres magazines de télévision, différents de ceux présentés ce jour-là ?

• Le maître demande à chaque enfant de ramener en classe le journal de télévision en usage dans sa famille.

1. Comparer les couvertures des différents magazines de TV

• Tous les magazines sont rassemblés sur une table, la couverture bien en vue.

• Repérer et nommer les titres des magazines :
TÉLÉ 7 JOURS – TÉLÉRAMA – TÉLÉ Z – TÉLÉ POCHE…

• Répéter les mots et constater que l'on entend toujours le mot « TÉLÉ » : le repérer sur chaque revue…

• L'écrire ensemble sur une feuille en lettres majuscules : « TÉLÉ ».

• Comparer les titres des magazines après les avoir découpés : isoler le mot « TÉLÉ » par découpage et identifier la partie complémentaire, « 7 jours », « rama », « Z »… ; reconstituer les titres.

Rechercher dans un magazine de TV

• Se donner la possibilité de rassembler des titres identiques en ayant un nombre suffisant de magazines de chaque sorte.

2. Identification des logos des chaînes

• Les enfants repèrent facilement les logos des chaînes et les nomment. Ces logos sont découpés et rassemblés par chaîne pour mieux les mémoriser ; un collage est effectué.

• Dans un deuxième temps est organisée une chasse aux logos dans la revue de télévision : il s'agit ici de parcourir les pages, de repérer les logos et de les nommer rapidement.

3. Repérer les jours de la semaine

• Les enfants, outre les logos, ont repéré les marques de couleurs et les mots inscrits en haut des pages : les jours de la semaine.

• L'enseignant demande aux enfants de montrer un jour de la semaine et de le nommer, puis de rechercher d'autres jours et de les découper.

• Tous les jours identiques sont collés sur un même support par les enfants.

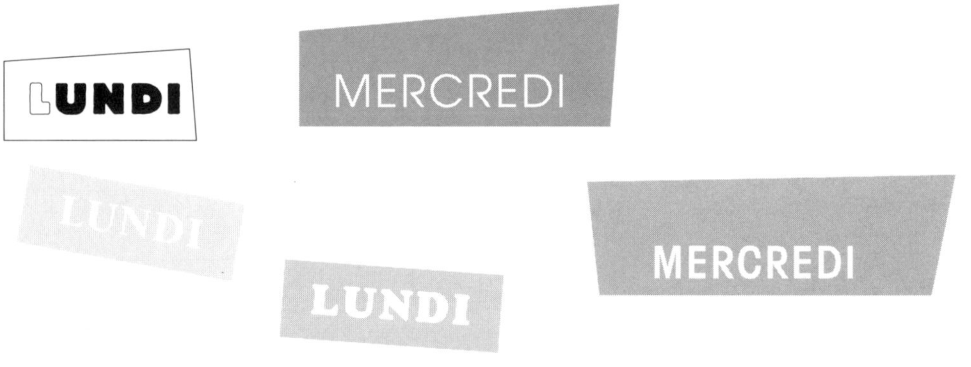

4. Comment utiliser un programme TV ?

• Laisser les enfants faire des propositions et avancer des solutions. Les réponses sont diverses et variées : engager un échange langagier pour dégager les remarques les plus pertinentes.

• Aider les enfants à prendre en compte les indices de repérages fournis par les logos, les couleurs et les jours inscrits, ainsi que la date.

• S'entraîner à rechercher une émission pour enfant qui est illustrée par un dessin et que l'on pourra voir ensemble à l'école : pouvoir dire ensemble quel jour et sur quelle chaîne elle paraît.

ÉVALUATION

• Les enfants sont-ils capables d'identifier un écrit qui appartient à leur environnement familial ?

• Peuvent-ils en définir la fonction ?

• Savent-ils reconnaître et nommer des logos, des mots usuels ?

• Parviennent-ils à se repérer dans le magazine ?

« Lire des signes conventionnels »

Les écrits dans la rue

OBJECTIFS

- **Identifier des situations portées par des pictogrammes, des idéogrammes.**
- **Utiliser un langage approprié : formulations impersonnelles, utilisation de la négation, de l'affirmation...**
- **Produire des pictogrammes lisibles par d'autres élèves.**

NOMBRE D'ENFANTS

- **Groupe de 8 enfants.**

DURÉE

- **Plusieurs fois 15 minutes.**

MATÉRIEL

- **Un appareil photographique Polaroïd, une pellicule.**
- **Des brochures de tourisme.**
- **Panneaux du Code de la route.**
- **Revues spécialisées de sport, de bureautique...**
- **Des feutres de couleurs, des feuilles de papier A4.**

Stratégie

La classe est sortie dans le quartier pour situer l'école dans son environnement.
L'enseignant en a profité pour prendre quelques photos avec son Polaroïd : il a photographié, en particulier, tous les panneaux où un petit personnage est représenté.

1. Repérer tous les pictogrammes où un personnage est représenté

• Par pictogramme, on entend les dessins, les signes et l'écriture pictographiques ; il s'agit de dessins normalisés destinés à signifier, notamment dans les lieux publics, certaines indications simples : emplacement réservé aux handicapés, passage piétons...

• L'enseignant vise à faire comprendre aux enfants que ces dessins servent à transmettre une information accessible à tous par sa simplicité.

• Tous les panneaux de signalisation photographiés par le maître sont mis à disposition du groupe d'enfants qui est invité à les manipuler librement puis à échanger des informations sur ces photos.

Les écrits dans la rue

• Les photos sont commentées, triées, regroupées par catégories : chacun cherche à définir ce que chaque panneau veut dire :
– « Il est dangereux de... » Les enfants constatent que cela correspond aux panneaux triangulaires bordés de rouge : travaux, passage pour piétons...
– « Il est interdit de... » Ces panneaux sont identifiés comme étant toujours ronds et bordés de rouge : accès interdit aux piétons...
– « Réservé à... » Ces panneaux conseillent de réserver certains espaces à un objectif précis : réservé aux dames (WC), aux handicapés...
• On cherche ensemble à qui ces panneaux sont destinés et pour quoi faire.

2. Lire d'autres pictogrammes

• Donner à lire aux enfants d'autres pictogrammes pris dans un environnement plus ou moins large : brochures de tourisme ; code de la route ; informations fournies par les parcs nationaux de pleine nature... ; pictogrammes de revues spécialisées : bureautique, sport...

Interdit aux chiens 

Interdiction de fumer 

3. Produire des panneaux pour l'école

• Le maître et les enfants proposent de fabriquer des panneaux destinés aux enfants de l'école :
• Ils serviront à préciser à quoi sont réservées les différentes salles de l'école.
• Un entretien a lieu pour définir quels pictogrammes seront effectués : on retient les propositions qui semblent les mieux adaptées.
• Les pictogrammes sont réalisés :
chut, on dort : 

classe des grands

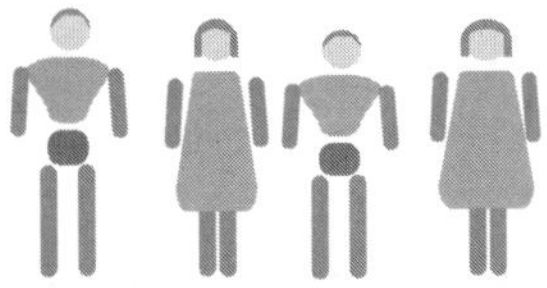

des moyens

des petits

• D'autres panneaux destinés à préserver l'environnement sont aussi effectués :

on n'arrache pas les fleurs

• Tous ces pictogrammes sont envoyés dans la classe des grands ; on attend leur appréciation et leurs critiques pour éventuellement les améliorer.
• Les panneaux sont ensuite déposés dans les lieux appropriés.

Évaluation

• L'observation de pictogrammes conventionnels a-t-elle permis aux enfants de comprendre le fonctionnement de ceux-ci, leur but, leur destinataire ?
• Les enfants ont-ils été capables de créer des pictogrammes lisibles par d'autres ?

LECTURE ÉCRITURE

« Lire et produire une règle du jeu »

Jouer à passe-chaussettes

OBJECTIFS

- **Décrire une image, lui donner du sens.**
- **Mettre en relation les informations fournies par l'image et le texte prescriptif.**
- **Produire une règle du jeu en respectant la chronologie des actions.**

NOMBRE D'ENFANTS

- **Groupe classe.**

DURÉE

- **Plusieurs fois 15 minutes.**

MATÉRIEL

- ***Youpi magazine*, n° 1.**
- **Un appareil photo.**
- **Des bandes de papier de 60 cm x 10 cm.**
- **Une affiche de 50 cm x 60 cm, une enveloppe grand format.**

Stratégie

Je jeu de « passe-chaussettes » a été repéré par les enfants dans la revue Youpi, production Pomme d'Api. Ils souhaitent y jouer dans le cadre des activités motrices.

1. Questionner le support iconique

• Un temps est accordé collectivement, au coin-langage, pour observer attentivement le support de jeu proposé dans Youpi magazine.

• La revue est montrée à tous les enfants ; le numéro de la page est visualisé, cela afin de donner des repères aux enfants et de les familiariser avec la mise en page.

• La grande image qui montre le jeu donne lieu à une description puis à un échange langagier sur le sens du jeu : à combien d'enfants se joue-t-il, avec quel matériel, pour jouer à quoi ?

2. Établir une relation image-texte

• La règle du jeu telle qu'elle a été expliquée par les enfants est reformulée de manière explicite par l'enseignant.

• À la question : « Peut-on savoir plus précisément comment ce jeu se joue ? », les enfants répondent qu'il y a « quelque chose d'écrit en haut de la page » mais qu'ils ne peuvent pas le lire car ils ne savent pas…

• L'enseignant lit le bref texte ; les enfants remarquent qu'il s'agit de la règle du jeu.

Jouer à passe-chaussettes

Le passe-chaussettes
On roule en boule des paires de chaussettes usagées.
On vise et on les envoie à travers une bouée.
On agit chacun à son tour.
Un enfant vise, un autre tient la bouée.
Un autre ramasse les chaussettes…

• Le texte est relu plusieurs fois et commenté ; on sait maintenant comment ce jeu se joue, on est à même de comparer ce que l'on a pu en dire et ce qui est écrit.
• Les enfants remarquent l'adéquation entre l'image et le texte, la vérification des premières hypothèses…
• Le jeu sera joué en ateliers, en salle de jeu.
• Les ateliers introduiront une variable au niveau du matériel :
– bouées remplacées par des cerceaux, des cartons… ;
– chaussettes remplacées par des sacs de riz, des anneaux…

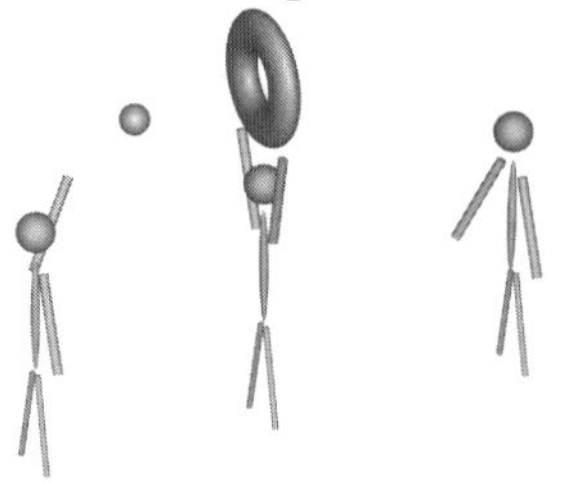

3. Produire une règle du jeu

• Ce jeu plaît beaucoup aux enfants. Ils désirent en envoyer la règle aux correspondants scolaires.
• Une photo du jeu en cours est prise, pour étayer la règle qui va être élaborée.
• Les enfants dictent à l'adulte les actions à engager pour jouer. Le maître écrit scrupuleusement sur des bandes de papier ce que les enfants lui disent.
• Chaque action est notée sur une bande après avoir été discutée au niveau du groupe classe.
• Le maître relit plusieurs fois ce que les enfants ont dicté.
• Un échange langagier a lieu pour vérifier la cohérence de l'enchaînement des actions : roule-t-on les chaussettes avant ou après le lancer ?…
• Les enfants sont amenés à réfléchir à l'organisation chronologique des actions.
• Les bandes de papier sont replacées dans l'ordre des actions à faire puis collées sur une affiche, ainsi que les photos prises.
• La règle du jeu est relue par le maître.
• Elle sera ensuite envoyée aux correspondants : ceux-ci l'utiliseront et communiqueront à la classe les critiques éventuelles : manque de clarté dans l'organisation matérielle, chronologie des actions peu claire…
• De retour dans la classe, la règle du jeu sera reprise en fonction des constats faits par les correspondants pour être rendue plus précise et explicite.

ÉVALUATION

• Les enfants sont-ils parvenus à prendre une information sur l'image ?
• Ont-ils su faire le lien entre cette image et le texte explicatif de la règle du jeu ?
• Parviennent-ils à produire une règle du jeu simple mais cohérente en langage oral ?

LECTURE ÉCRITURE

« Parcourir un catalogue de jouets. Passer une commande »

Du feuilletage au repérage

OBJECTIFS

- **Apprendre à manipuler un catalogue et à prendre des repères sur les pages.**
- **Savoir identifier des jouets et les retrouver dans le catalogue rapidement : lecture sélective.**
- **Faire une lettre au Père Noël : produire de l'écrit.**

NOMBRE D'ENFANTS

- **Groupe de 8 enfants.**

DURÉE

- **Plusieurs fois 20 minutes.**

MATÉRIEL

- **Catalogues de jouets de Noël pris, en grand nombre, dans les magasins.**
- **De la colle, des ciseaux.**

Stratégie

La période qui précède Noël est propice à l'observation de divers catalogues de jouets.
Le projet est fait de passer une commande auprès du Père Noël.
L'enseignant rassemble un groupe de 8 enfants autour d'une table ronde où plusieurs catalogues de jouets, pris dans un même grand magasin, sont disposés sur la table.
Les enfants ont tout loisir de les consulter assez longuement, en tous sens.

1. Se repérer dans le catalogue

- Les enfants s'attardent sur les images de jouets, les identifient, les nomment.
- L'enseignant est attentif à ce qui est dit et reformule en utilisant des termes précis pour nommer les jouets.
- Les enfants échangent entre eux leurs impressions, font part de leurs préférences et de leurs choix.
- Le catalogue est parcouru en tous sens, les enfants tournent les pages, reviennent en arrière, se l'approprient dans son aspect général : mise en page, couverture, photos, codages…
- Le maître veille à ce qu'il soit manipulé de manière correcte : tenue du catalogue à l'endroit, pages tournées avec soin. Des repères sont ainsi pris, qui familiarisent l'enfant avec ce type d'écrit publicitaire.
- Le maître pose des questions :

– De quoi parlent ces catalogues ?

Du feuilletage au repérage

– Qu'y trouve-t-on d'intéressant ?
– Quel jouet est intéressant ?
– Où peut-on obtenir ces catalogues ?
• Elles ont pour but d'attirer l'attention des enfants sur la fonction de ce type d'écrit.
• Les enfants rencontrent beaucoup d'écrits publicitaires autour d'eux, hors de l'école : il est nécessaire de les y sensibiliser et d'éveiller leur sens critique très tôt. Il est important aussi qu'ils apprennent à les voir avec intérêt, pour leur fonction.

2. Retrouver la page d'un jouet choisi

• Le maître préalablement prend soin de regarder avec les enfants comment est organisé le catalogue.
• Un temps de langage est accordé pour l'observation de l'organisation du catalogue.
On pourra s'entraîner ensemble à retrouver un jouet, après avoir tenté de définir à quelle catégorie il appartient : objet roulant, poupée… Le maître guide la recherche des enfants.
• Demander à chaque enfant de nommer le jouet qu'il souhaiterait avoir, puis de retrouver la page où il l'a vu. Plus le jouet sera précisément nommé, plus la page sera rapidement trouvée, plus l'enseignant pourra se rendre compte que l'enfant a pris de bons repères sur le catalogue.
• Le jeu peut être complexifié en demandant à tous les enfants du groupe de retrouver le jouet décrit par l'un d'entre eux.
• L'enseignant va ensuite guider la recherche, à travers les pages du catalogue, en donnant pour consigne aux enfants de rechercher un jouet que lui-même va nommer ou décrire.

3. Lettre au Père Noël

• Sur une feuille de format A4, coller une bande de papier sur laquelle est écrit : « Cher Père Noël ». Ces mots sont lus par l'enseignant, puis relus avec les enfants.
• Fournir à chaque enfant un catalogue de jouets et laisser choisir à chacun ce qu'il souhaite demander au Père Noël.
• Les images sont découpées, puis collées sur la lettre.
• Un bref entretien permet à chaque enfant de montrer sa lettre et de dire ce qu'il a commandé au Père Noël.
• Cette lettre sera introduite dans une grande enveloppe collective sur laquelle le maître écrira devant les enfants l'adresse du Père Noël. Si la poste est à proximité de l'école, la classe pourra s'y rendre pour poster la lettre.

ÉVALUATION

Le maître évaluera si, à force de feuilleter ce type de support, les enfants ont appris à ce repérer dans l'écrit.
• Comprennent-ils toutes les indications de repérage : en haut, en bas, page de gauche, page de droite, au début, à la fin du catalogue… ?
• Gain en rapidité pour retrouver une page où l'on a repéré un jouet : les enfants ont-ils compris qu'il y a un classement, un ordre dans ce type de catalogue ?

L E C T U R E

« Rencontre avec l'alphabet »

De l'alphabet à l'abécédaire

OBJECTIFS

- **Repérer des lettres, isolées, les identifier, les nommer.**
- **Percevoir l'ordre des lettres dans l'alphabet avec l'aide d'un support.**

NOMBRE D'ENFANTS

- **Groupe classe, puis avec un groupe de 8 enfants.**

DURÉE

- **Plusieurs fois 15 minutes.**

MATÉRIEL

- **Affiche sur l'alphabet RETZ.**
- **Possibilité d'utiliser une photocopieuse.**
- **Des ciseaux, de la colle.**
- **Étiquettes-prénoms des enfants et leurs photos.**
- **Feuilles de papier A4.**
- **Catalogues divers illustrés.**
- **Un grand classeur, des pochettes perforées transparentes.**
- **Une feuille de cartoline 50 cm x 60 cm.**

Stratégie

Un enfant a introduit en classe un alphabet.
L'enseignant profite de cet événement et met en évidence une affiche alphabet Retz, au tableau.

1. Lire l'affiche

- Tous les enfants sont réunis face au tableau, afin de bien voir l'affiche.
- Laisser les enfants observer librement l'affiche et la commenter. Un temps de langage spontané s'engage : les enfants font part de leurs premières impressions.
- L'enseignant les relève et les note.
- Quelques lettres sont rapidement identifiées et nommées : A – B…
- D'autres sont repérées comme étant la première lettre du prénom d'un enfant : « Ça commence par la même lettre que le prénom de Martine… »
- L'enseignant incite les enfants à détailler et à préciser ce qu'ils voient… Il donne le terme d'« alphabet » afin de fixer la vision globale de l'affiche chez les enfants. Le terme « lettre » est apporté par les enfants.
- Les lettres identifiées et nommées par les enfants sont écrites en lettres capitales au tableau par l'enseignant.

De l'alphabet à l'abécédaire

2. Jouer avec l'alphabet

• Pour ce temps, l'enseignant rassemble un petit groupe d'enfants autour de lui.

• Un bref rappel de la séance précédente a lieu : quelques lettres sont nommées.

• Les lettres de l'alphabet ont été découpées et rassemblées dans une corbeille.

• Les enfants ont pour consigne de chercher à replacer chaque lettre sur son original. Ils sont ainsi amenés à observer attentivement la forme des lettres pour les replacer correctement.

• Lorsque toutes les lettres sont distribuées et agencées, chaque enfant en choisit une : il va avoir pour tâche de rechercher, dans les étiquettes-prénoms de la classe, celles qui commencent par la lettre qu'il a devant lui.

3. Créer une affiche

• La classe se donne pour projet la création d'un alphabet sous forme d'affiche.

• Dans ce but, des lettres majuscules sont découpées dans différents catalogues mis à la disposition du groupe.

• En observant attentivement l'ordre des lettres dans l'alphabet de l'affiche, les enfants, avec l'aide de l'adulte, replacent chaque lettre en la nommant, sur une grande feuille de cartoline.

• Chaque lettre est soigneusement collée. Le vide entre les lettres sera comblé ultérieurement par du coloriage.

L'affiche est mise en valeur dans la classe. Elle servira de référent.

4. Amorcer un abécédaire

• À partir des lettres identifiées, un abécédaire est commencé.

• Un grand classeur est choisi : il comporte autant de pochettes transparentes perforées en plastique que de lettres.

• Les enfants comptent le nombre de lettres que comporte l'alphabet, puis rassemblent les 26 pochettes.

• Sur une feuille A4, les enfants déterminent, lors d'un entretien, l'emplacement de la lettre de référence et les mots qui s'y rattachent. Un prénom est choisi, qui commence par la lettre considérée.

• Des mots sont illustrés par des images ou des photos découpées dans des catalogues : ces mots commencent par la lettre étudiée.

• En cours d'année, cet abécédaire sera complété en fonction des « rencontres » avec d'autres lettres de l'alphabet… Des lettres seront intercalées entre deux autres, l'ordre sera réaménagé, complété…

• Un abécédaire pourra être constitué pour chaque enfant.

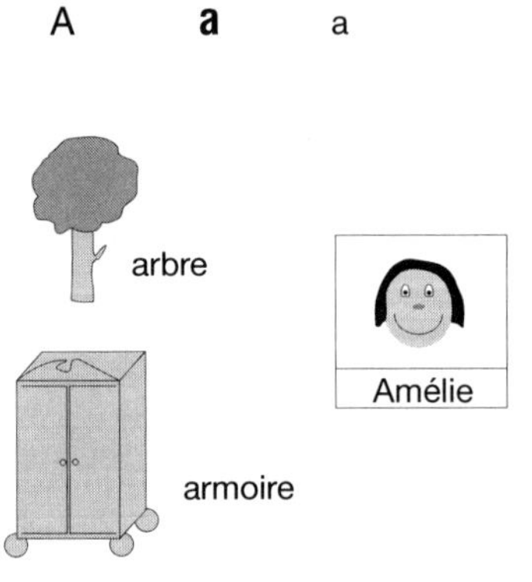

ÉVALUATION

L'enseignant pourra évaluer, en cours d'année :

• la façon dont chacun mémorise le nom d'une lettre ;

• la capacité plus ou moins grande de chacun à repérer cette lettre dans un mot, dans des typographies différentes.

Agir dans le monde

Agir dans le monde

Exemples de situations pédagogiques

SITUATION	OBJECTIFS DISCIPLINAIRES
Groupe classe Connaître et jouer à partir d'une règle de jeu : • « Jacques a dit » • « Le loup dans la bergerie »	– S'approprier les règles d'un jeu ; les respecter. – Exercer sa motricité dans un espace délimité. – Être capable de faire évoluer la règle du jeu et de l'expliquer à d'autres.
Groupe restreint Investir l'espace de la cour en respectant les espaces verts, les plantations…	– Se sentir responsable. – Se poser des questions sur le respect de l'environnement proche.
Groupe classe Établir un tableau de responsabilités pour le rangement du matériel : • des coins-jeux, • des ateliers, • des jeux moteurs.	– Prendre des responsabilités. – Devenir autonome face au matériel. – Respect de soi, respect des autres, du matériel. – Savoir se référer à un écrit : le tableau de responsabilités.
Groupe classe Investir des ateliers de grande motricité : grimper, ramper, être en équilibre, enjamber, etc.	– Adapter ses conduites motrices au matériel mis en place. – Respecter les consignes. – Prendre des risques mesurés. – Persévérer dans l'effort. – Être capable d'enchaîner plusieurs actions, donc de les anticiper.
Groupe restreint Espaliers, mur d'escalade, plint, trampoline en salle de gymnastique ou dans le préau.	– S'adapter à un matériel précis. – Prendre conscience des résultats de ses actions. – Accepter une situation déstabilisante. – Vaincre son appréhension.
Groupe classe Jeu « La poule et le renard » : le renard poursuit la poule pour la manger ; il la saisit par la queue (foulard).	– Prendre conscience du sens du jeu. – Identifier clairement quel personnage on joue : poursuivant ou poursuivi. – Varier ses stratégies de fuite ou d'attaque : rapidité, esquive…

Exemples de situations pédagogiques

SITUATION	OBJECTIFS PLURIDISCIPLINAIRES
Groupe restreint Jeux d'opposition par deux (*Cf.* J.-Cl. Olivier, *La Lutte à l'école,* Nathan)	– Être actif. – Réfléchir avant d'agir. – Penser à ce que l'autre veut faire. – Anticiper son action, celle de l'autre.
Groupe classe Jouer avec du petit matériel : balles, ballons, bâtons, anneaux…	– Respecter la consigne de départ. – Adapter, faire varier, affiner ses gestes pour une meilleure réponse motrice. – Faire preuve d'imagination, de créativité. – Structurer ses actions, les finaliser.
Groupe classe Jouer avec des objets insolites : cartons, bouteilles, boîtes, parapluies, etc.	– Faire preuve d'inventivité, détourner un objet de sa fonction première. – Adapter sa préhension, ses gestes et sa locomotion à l'objet donné.
Groupe classe – GRS Bouger avec des rubans.	– Donner de l'ampleur à ses gestes. – Acquérir une plus grande maîtrise corporelle : coordination et enchaînement des gestes. – Se décentrer pour voir l'action que l'on enclenche sur l'objet manipulé : évocation mentale.
Groupe restreint Coopérer pour faire rebondir un ballon sur un drap.	– Coordonner des actions dans un but commun. – Participer à une action collective. – Adhérer au projet du groupe, y participer.
Groupe classe Jeu « Loup y es-tu ? » : se disperser et se rassembler à un signal.	– Investir un espace donné. – Répondre rapidement à une consigne de rassemblement, de dispersion. – Être à l'écoute attentive de ce qui se fait et se dit. – Participer à un jeu collectif.
Groupe classe Promenade, marche d'une durée assez longue, exploration du milieu environnant l'école : parcs, bois, squares…	– Finaliser la sortie : apprendre à voir, observer, écouter, sentir, dire. – Faire preuve de volonté : suivre le groupe, marcher. – Adapter son rythme de marche à celui du groupe.

« Avec des feuilles de papier journal »

Faire voler

OBJECTIFS

• Prendre conscience de la manipulation d'un objet particulier : la double page d'un journal ou d'une publicité en mouvement.
• Adapter sa locomotion et ses gestes pour faire voler la feuille avec plus d'efficacité et coopérer avec un autre enfant.

NOMBRE D'ENFANTS

• Groupe classe.

DURÉE

• Plusieurs fois 40 minutes.

MATÉRIEL

• Journaux et publicités en grand format, en nombre suffisant.
• Des bancs, des chaises, des tapis, des cerceaux, de petites haies…

Stratégie

Un grand nombre de journaux et de publicités sur papier glacé ont été introduits en classe pour des activités de lecture.
L'enseignant se propose de tirer profit de tout ce matériel peu coûteux avant de le jeter.
Ces journaux vont servir à mettre en place une activité de motricité avec petit matériel.

1. Prendre contact avec l'objet considéré

• Chaque enfant de la classe est muni d'une double page ; le temps lui est laissé de trouver une place dans la salle de jeu et de s'exercer à déplier et replier cette grande surface.
• L'enseignant propose ensuite aux enfants de faire voler la feuille en se déplaçant : « On va partout dans la salle de jeu et on fait voler sa feuille sans la lâcher… »
• Il observe, en se mettant en retrait, la façon dont chaque enfant reprend à son compte la consigne : certains enfants marchent ou agitent leurs bras, d'autres courent, d'autres tournent.
• Il laisse se jouer l'activité aussi longtemps que les enfants recommencent leurs actions pour faire voler leur feuille avec plus d'efficacité.

2. Affiner l'action de « faire voler »

• Un entretien conduit au niveau du groupe classe permet de mettre en évidence les stratégies adoptées par chacun.
• L'enseignant veille à ce que les enfants non seulement montrent leur procédure d'action, mais aussi la verbalisent et l'évaluent :

Faire voler

« Moi, j'ai couru vite, vite et la feuille elle était toute droite derrière moi ; elle faisait du bruit… » « Moi, j'ai marché et la feuille elle pendait et elle remuait pas beaucoup… »

- On réfléchit ensemble sur les actions les plus efficaces pour faire voler les feuilles : courir, tourner, agiter les bras en moulinets…
- Les enfants recommencent l'exercice.
- L'enseignant demande alternativement à ce que les feuilles volent doucement ou rapidement : les enfants s'exécutent en adaptant leurs gestes au mieux, compte tenu de ce qui vient d'être dit.

3. Complexifier la situation

- Le même jeu est repris, mais l'enseignant dispose dans l'espace de la salle de jeu des obstacles à franchir : bancs, chaises, tapis, cerceaux posés au sol, petites haies…
- Les enfants ont à courir ou se déplacer rapidement avec leur feuille de papier : ils doivent éviter les obstacles ou les franchir, selon leur choix.
- Temps de regroupement : on constate que parfois les obstacles réduisent la vitesse de déplacement et que la feuille de papier ne vole plus aussi bien.
- L'enseignant aide les enfants à formuler ces remarques : il les reformule de manière claire et explicite afin qu'elles soient entendues de tous et comprises.

4. Introduire une variable : jouer avec un camarade

- Les enfants ne disposent plus que d'une feuille pour deux.
- Consigne : « Courir en tenant la feuille à deux, sans la déchirer, et la faire voler. »
- Les enfants sont amenés à réfléchir à la façon de saisir la feuille.
- Ils doivent coordonner leurs gestes, aller au même rythme et dans la même direction pour ne pas déchirer le papier.
- Ici aussi, après un temps de jeu, l'enseignant interrompt l'action pour un échange langagier autour de ce qui se passe dans chaque équipe.
- Les enfants sont amenés à prendre conscience de l'importance du partenaire et d'une nécessaire coopération pour que le jeu puisse se réaliser.

5. Retour au calme

- L'enseignant invite un enfant à froisser une des feuilles de papier, à en faire une boule.
- Tous les enfants forment une grande ronde et s'assoient.
- Un enfant tourne autour du groupe et dépose la boule de papier derrière un camarade, celui-ci se lève et tente de le rattraper avant que l'autre n'occupe sa place.

Évaluation

- Les enfants ont-ils respecté la consigne de départ : « Faire voler » ?
- Ont-ils cherché à être plus performants ou se sont-ils contentés d'une action plus globale de déplacement ?
- Ont-ils tenu compte des obstacles introduits en cours de jeu ?
- Sont-ils capables de coopérer sur un temps donné ?

APPROPRIATION DES OBJETS

« Lancers de ballons ronds »

Adresse, force, coordination

OBJECTIFS

- **Perfectionner les conduites motrices et l'efficacité des actions, ajuster ses comportements.**
- **Développer l'adresse, la précision.**
- **Pouvoir revenir sur ses actions par la pensée et les mettre en mots.**

NOMBRE D'ENFANTS

- **Groupe classe réparti en ateliers tournants.**

DURÉE

- **Plusieurs fois 40 minutes.**

MATÉRIEL

- **Des ballons.**
- **Un grand carton.**
- **Deux cordes.**
- **Un cerceau.**
- **Un banc.**

Stratégie

Le ballon rond a déjà été introduit dans des situations motrices (jeu d'adresse, balle au pied). Il s'agit cette fois d'organiser des jeux de lancers dans diverses situations : lancer haut, lancer fort, lancer loin, lancer avec adresse.

1. Échauffement

• Entraîner les enfants à effectuer des déplacements dans la salle de jeu, en occupant tout l'espace.

• Convenir de signaux sonores de dispersion et d'arrêt de mouvement en frappant sur un triangle : un coup : on marche ; deux coups : on court ; trois coups : on s'arrête, on joue au jeu de la statue.

2. Organiser les ateliers et jouer

• Expliquer rapidement aux enfants comment les jeux vont s'organiser dans chaque atelier, en prenant appui sur le matériel qui s'y trouve installé :

– Atelier 1 : lancer le ballon dans un carton ;

– Atelier 2 : lancer le ballon par-dessus une corde ;

– Atelier 3 : lancer le ballon dans un cerceau suspendu à une corde ;

– Atelier 4 : lancer des cerceaux derrière un banc.

Atelier 1

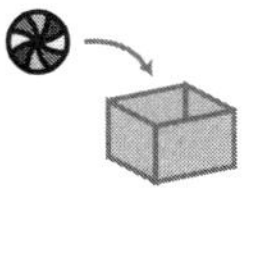

Atelier 2

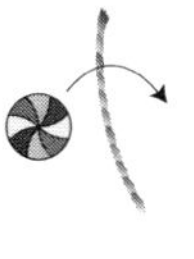

Atelier 3

Atelier 4

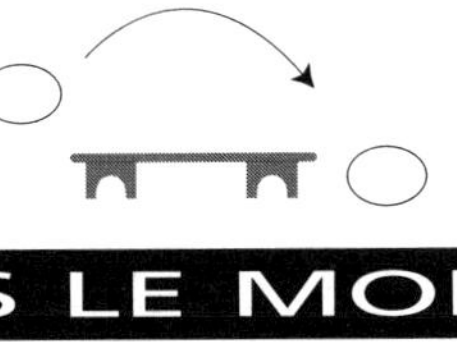

• Aider les enfants à se constituer en groupes, puis proposer les jeux.
• Observer les conduites motrices adoptées pour respecter la consigne du jeu.
• Laisser suffisamment de temps pour que les enfants diversifient leurs stratégies.

3. Affiner les conduites motrices : lancer avec précision
• Passer de groupe en groupe et demander aux enfants comment fait chacun pour surmonter les difficultés : engager un bref entretien. Inciter ainsi les enfants à mettre en mots les gestes effectués, ce qui demande une évocation et une analyse des actions engagées.
• Prendre appui sur une ou deux stratégies les mieux appropriées pour relancer le jeu : lancer en tenant le ballon à deux mains ; lancer le ballon avec une impulsion de bas en haut ; viser et ajuster.
• Relancer le jeu en donnant pour consigne le respect d'une conduite motrice affinée.
• Inciter les enfants à respecter les remarques précédentes pour gagner en efficacité.

4. Changer d'activité
• Les groupes tournent dans les divers ateliers : ainsi, les enfants se trouvent confrontés à une nouvelle situation pour laquelle ils doivent changer de gestes, les adapter.
• De nombreux ajustements sont faits après de brefs échanges verbaux. L'enseignant aide les élèves à prendre conscience de certains comportements, de certains gestes :
– participation chacun son tour ;
– analyse des gestes en relation à l'objet « ballon » ;
– attention portée aux mouvements des bras et du corps en général.

5. Complexifier le jeu
• Introduire une variable à chaque atelier : augmenter la distance pour lancer plus loin ou augmenter la hauteur de la cible.
• Observer les nouvelles attitudes motrices des enfants en réponse à une nouvelle difficulté.
• Laisser le jeu se dérouler aussi longtemps que les enfants sont en recherche de solutions motrices adaptées.
• Faire à nouveau le point, atelier par atelier, pour mettre au jour la façon dont chacun s'est adapté à la nouvelle situation motrice.

6. Se détendre
• Faire une grande ronde assise avec tous les enfants.
• Se lancer un ballon à travers la ronde.
• Faire circuler le ballon de manière que tous les enfants le touchent au moins une fois.

ÉVALUATION
Elle portera sur les comportements observables en relation avec les stratégies mises en œuvre par les enfants et leur capacité :
– à analyser les gestes effectués ;
– à les affiner ;
– à les adapter dans une nouvelle situation.

« Autour du verbe rouler »

Rouler de différentes manières

OBJECTIFS
- **Prendre conscience de son schéma corporel, de ses articulations.**
- **Affiner les gestes moteurs pour une plus grande efficacité.**
- **Pouvoir mettre des actions en mots, les expliquer.**

NOMBRE D'ENFANTS
- **Groupe classe réparti en ateliers tournants.**

DURÉE
- **Plusieurs fois 40 minutes.**

MATÉRIEL
- **Pouvoir utiliser un gymnase.**
- **Des bancs, des espaliers, un plint.**
- **De grands tapis de sol.**
- **Un magnétophone, une cassette de musique douce (berceuse).**

Stratégie

L'enseignant emmène ses enfants au gymnase de la commune. Après un temps de reconnaissance de ces nouveaux lieux et du matériel, il va engager une activité de grande motricité, en ateliers.

1. S'échauffer

• Mettre en place un temps d'échauffement pour éviter des accidents : marcher, courir, sautiller dans ce nouvel et vaste espace.

• Assurer des rotations de la taille, du cou, de la colonne vertébrale : enrouler et dérouler son corps comme un hérisson qui se cache.

• Apprendre à se regrouper à un signal gestuel du maître.

2. Organiser et investir les ateliers de roulades

• Installer le matériel nécessaire avec l'aide des enfants.

• Organiser quatre ateliers sur le thème de la roulade ; aider les enfants à se répartir dans ces ateliers.

– Atelier 1 : effectuer des roulades sur le côté (on peut accentuer la difficulté en partant d'un plan incliné).

– Atelier 2 : exécuter des roulades avant.

– Atelier 3 : s'essayer à la roulade arrière.

– Atelier 4 : faire des roulades avant sur un plan incliné.

Rouler de manières différentes

Atelier 1

Roulade latérale

Atelier 2

Roulade avant

Atelier 4

Roulade sur plan incliné

Atelier 3

Roulade arrière

• L'enseignant se montre attentif à tous les gestes engagés par les enfants à chaque atelier.
• Il circule sur tous les ateliers dans un premier temps puis se fixe rapidement sur l'atelier qui présente le plus de risques (atelier 1). Il garde cependant un œil vigilant sur les autres ateliers.

3. Ajuster et adapter les comportements moteurs
• L'enseignant rassemble tous les enfants afin de faire le point sur chaque atelier.
• Il engage chacun à dire comment il a fait sa roulade : il aide les enfants à prendre conscience de la flexion de la nuque, de l'enroulement de la colonne vertébrale.
– Atelier 1 : les enfants remarquent que pour faire une roulade latérale correcte, il faut placer ses bras le long du corps et laisser son corps prendre de la vitesse sur la pente ; un enfant exécute une roulade de démonstration.
– Atelier 2 : certains enfants enroulent bien leur colonne vertébrale, rentrent leur tête, prennent une bonne impulsion.
– Atelier 3 : la roulade arrière s'avère plus difficile : les enfants se contentent de faire basculer leurs jambes par-dessus leur tête pour décoller (effet de culbuto).
– Atelier 4 : sur un plan incliné, les enfants constatent que la roulade avant est facilitée pour peu que l'on enroule bien la colonne vertébrale.
• L'enseignant attire l'attention des enfants sur ce qui se dit et se fait.

4. Affiner les actions de « rouler »
• Après le temps de verbalisation où les enfants nomment les parties de leur corps et les actions engagées dans chaque atelier, ils changent d'exercice.
• Les enfants reçoivent pour consigne d'exécuter des roulades à chaque atelier en tenant compte des remarques qui ont été faites : les comportements attendus sont précisés.
• L'enseignant observe dans les ateliers la façon dont chacun s'y prend, comment les difficultés sont surmontées ou contournées : actions de rééquilibrage, de repositionnement corporel.
• Il encourage les plus timorés et modère les plus intrépides.

5. Retour au calme
• Les enfants sont invités à s'étendre dans un coin du gymnase, loin des ateliers.
– L'enseignant, qui a amené un magnétophone, passe une plage musicale lente et relaxante.

ÉVALUATION

L'enseignant évaluera l'implication de chaque enfant dans l'action :
– qui a cherché à participer et à devenir plus efficace dans ses roulades ?
– qui s'est découragé ?

« Jeu de coopération »

Le jeu des déménageurs

OBJECTIFS

- Répondre à des consignes précises : respecter une règle de jeu simple.
- Coopérer dans le jeu avec ses camarades dans l'équipe.
- Affiner les gestes de préhension à une ou deux mains.
- Acquérir de l'aisance et de la rapidité.

NOMBRE D'ENFANTS

- Groupe classe réparti en 4 équipes.

DURÉE

- 40 minutes.

MATÉRIEL

- Balles diverses : de tennis, de motricité, de ping-pong.
- Ballons de foot, de handball, de rugby, de baudruche.
- Éléments divers : bouteilles et verres en plastique, assiettes en carton, morceaux de tissu…
- Un grand carton.
- Quatre corbeilles à linge assez grandes.

Stratégie

Au cours des séances de motricité, les enfants ont joué tour à tour avec des balles et ballons divers. Ils ont donc pu faire la différence entre chaque objet, tant en ce qui concerne la taille, le poids, le rebond, qu'en ce qui concerne la préhension.
L'enseignant propose un jeu pour affiner la prise de balles ou de ballons, ainsi que la prise d'autres objets…

1. Échauffement

• Organiser un jeu traditionnel « Monsieur l'ours ». Dans ce jeu, les enfants se rassemblent debout et en cercle autour d'un enfant choisi par ses pairs et qui, assis, fait l'ours.
• Le groupe d'enfants entonne une formulette : « Monsieur l'ours, avez-vous bien dormi ? Réveillez-vous ! »
• L'ours fait le choix de répondre : « Je dors » ou « Je me réveille » ; dans le deuxième cas, il se lance à la poursuite de ses camarades et essaie d'en attraper un qui deviendra ours à son tour.

2. Organisation du jeu des déménageurs

• L'enseignant place au centre de la salle de jeu un énorme carton contenant des objets divers : balles de toutes sortes, ballons divers, objets en plastique tels que bouteilles et verres, objets en carton comme des assiettes.

Le jeu des déménageurs

• Quatre équipes équilibrées sont constituées, en tenant compte de la rapidité des uns et des autres ; les enfants se placent en ligne.

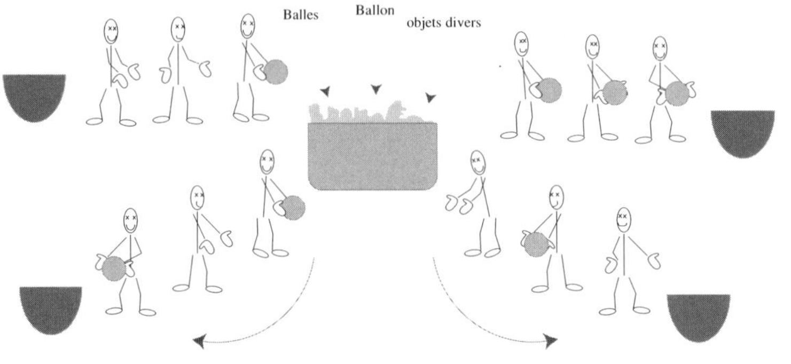

• L'enseignant place les quatre groupes de manière que le premier enfant ait accès rapidement au grand carton. Le dernier de la ligne peut déposer les objets qui lui ont été passés dans la corbeille à linge placée derrière lui.
• L'enseignant décrit le jeu avec clarté, lentement : il reformule ses consignes et s'assure de leur compréhension par les enfants. Il explique aux enfants qu'ils n'ont pas le droit de bouger les pieds, qui sont « collés au sol ».
• Chacun doit saisir l'objet tendu par l'enfant qui le précède et le faire passer à celui qui le suit dans l'équipe.
• On doit se saisir de l'objet rapidement sans le laisser échapper : si c'est le cas, c'est celui qui a commis l'impair qui doit aller le chercher.
• L'enseignant fait préciser par les enfants :
– quand le jeu s'arrête : lorsqu'il n'y a plus d'objets dans le carton ;
– quelle équipe a gagné : celle qui a rassemblé le plus d'objets dans sa corbeille.
• Le jeu s'engage et se joue.
• L'enseignant se met en recul, en position d'observateur ; il laisse le jeu aller à son terme.

3. Affiner les coopérations
• L'enseignant regroupe les enfants pour un temps d'échange sur le jeu :
– Que s'est-il passé en cours de jeu dans chaque équipe ?
– Comment jouer mieux, individuellement et ensemble, pour que son équipe gagne ?
– Comment affiner ses gestes dans la saisie des objets pour gagner du temps ?
• L'enseignant fait réfléchir les enfants sur leur engagement au sein du groupe, sur l'efficacité de certains gestes de préhension des objets ou pour se passer une balle, un ballon de l'un à l'autre.
• Le jeu est alors repris une deuxième fois en essayant de prendre en compte les remarques faites.

ÉVALUATION
• Les enfants ont-ils essayé de respecter les consignes de jeu émises par le maître ?
• Sont-ils capables de coopérer avec les autres enfants de leur équipe et ont-ils le goût de gagner ensemble ?
• Ont-ils essayé d'ajuster leurs gestes de préhension en fonction de l'objet à saisir et de sa forme particulière ?

Découvrir le monde

Découvir le monde

Exemples de situations pédagogiques

SITUATION	OBJECTIFS PLURIDISCIPLINAIRES
Groupe classe – Observer le déplacement des animaux dans la cour, les bois. – Faire des photos ou observer des images.	– Mettre en relation des photos et des actions engagées. – Classer les animaux selon les actions : sauter, voler, glisser, nager.
Groupe classe – Observer la reproduction d'animaux en vivarium : escargots, grenouilles…	– Prendre des repères de reproduction dans le temps : temps de la ponte, de la couvaison, émergence des petits. Utiliser un vocabulaire précis, adapté, spécifique.
Groupe restreint – Fabriquer des mélanges liquides : les sirops.	– Notions de « sucré-salé ». – Notions de mélange. – Notions de contenant-contenu entre récipients et liquides.
Groupe classe – Utiliser des outils spécifiques : par exemple les râpes.	– Adapter les outils à une situation technique. – Utiliser l'outil le mieux adapté. – Utiliser un vocabulaire précis.
Groupe classe – Fabriquer un pluviomètre à partir d'une fiche technique.	– Notions de météo et de pluviométrie. – Mesurer la quantité de pluie tombée d'un jour à l'autre. – Fabriquer un objet fonctionnel.
Groupe classe – Trier les déchets selon leur texture : préserver l'environnement.	– Réfléchir à la préservation de l'environnement. – Prendre conscience des matières dégradables ou non ; matières naturelles et synthétiques.
Groupe classe – Chanter une comptine sur ses doigts.	– Prise de conscience du schéma corporel. – Affiner le vocabulaire propre aux mains. – Aborder la notion de paire.

Exemples de situations pédagogiques

SITUATION	OBJECTIFS PLURIDISCIPLINAIRES
Groupe restreint – Fabriquer des toupies à partir d'une fiche.	– Prendre conscience de la notion de rotation autour d'un axe. – Être capable de lire une fiche, de suivre le déroulement chronologique des actions à engager. – Fabriquer l'objet, le critiquer, le réajuster.
Groupe restreint – Utiliser un appareil photo Polaroïd : observer les photos prises.	– S'exercer au maniement de l'appareil photographique, objet technique. – Critiquer les photos faites. – Échanger sur les productions immédiates de photos au Polaroïd.
Groupe classe – Hygiène : se laver les mains.	– Apprendre les gestes d'hygiène simples. – Réfléchir aux notions d'hygiène. – Utiliser un vocabulaire spécifique.
Groupe restreint – Jouer avec les aimants.	– Découvrir les propriétés des objets. – Tenter de comprendre les phénomènes d'attraction et de rejet des aimants entre eux.
Groupe restreint – Faire des constructions, des équilibres.	– S'organiser pour faire tenir des blocs en équilibre. – Réfléchir à la notion d'équilibre entre objets.
Groupe classe – Construire la maquette de la classe avec une vue de dessus.	– Être capable de se repérer dans l'espace. – Placer les objets selon la position relative des uns par rapport aux autres. – Utiliser un vocabulaire de spatialisation.

LE TEMPS QUI PASSE

« Prendre des repères sur la journée scolaire »

L'emploi du temps

OBJECTIFS
- **Identifier des situations vécues à partir de photos.**
- **Replacer ces différentes activités dans le temps.**

NOMBRE D'ENFANTS
- **Groupe classe.**

DURÉE
- **Plusieurs fois 20 minutes.**

MATÉRIEL
- **Un appareil photo Polaroïd, une pellicule.**
- **Du gomme fix.**
- **Une bande de papier 1 m x 20 cm.**
- **Un gros feutre.**
- **De la colle.**
- **Usage de la photocopieuse.**

Stratégie

Dès le début de l'année, il semble important d'associer les enfants à la compréhension de l'enchaînement des activités scolaires. Dans cette perspective, l'enseignant organise avec les enfants une frise du temps qui va prendre en compte des moments essentiels de la journée scolaire.
Au Polaroïd, il prend en photo des situations fortement évocatrices : des enfants rassemblés pour observer le tableau des présents, une situation d'atelier, de motricité, un passage aux toilettes, la cour, etc.

1. Regarder les photos
- Tous les enfants sont rassemblés, face au tableau, au coin-langage.
- Les photos sont disposées en désordre au tableau et sont maintenues par du gomme fix.
- Les enfants expriment leurs impressions et se repèrent dans les différentes situations. Ils identifient des petits camarades, reconnaissent des lieux, des activités. Ils argumentent leur constat en expliquant sur quels indices ils se fondent.
- L'enseignant et les autres enfants avalisent ou non les remarques faites : les photos sont nommées en tant qu'activité : telle photo correspond au temps d'ateliers, telle autre au moment de motricité…

L'emploi du temps

2. Tenter une chronologie

• L'enseignant incite les enfants à raconter une journée type : « Le matin, lorsqu'on arrive... »
• Les enfants prennent appui sur ces mots déclencheurs pour raconter l'enchaînement des activités du matin puis de l'après-midi.
• L'enseignant se montre attentif à l'organisation chronologique du propos et des actions. Il entraîne les enfants à l'utilisation de mots d'articulation des phrases dans le temps : *d'abord, après, avant, ensuite, plus tard...*
• Au fur et à mesure que des temps d'activité sont repérés par les enfants de manière consensuelle, les photos sont placées sur une bande de papier par un enfant.
• L'organisation de la gauche vers la droite est remarquée et suivie sur la bande de papier.
• Parfois une photo doit être intercalée entre deux autres : cela permet de revenir sur les notions « c'est avant », « c'est après... ».
• Les enfants verbalisent avec le plus de précision possible l'ordre des activités de la journée ; la manipulation des photos vient conforter et avaliser ou non la cohérence de l'organisation temporelle.

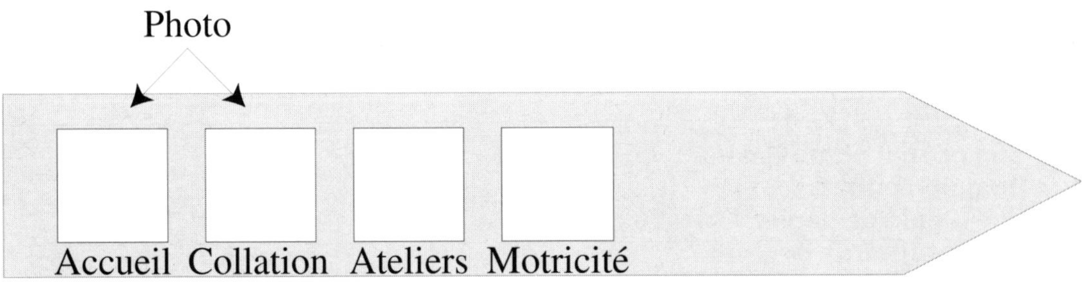

3. Légender l'emploi du temps

• Les photos sont collées sur la bande de papier, dans l'ordre chronologique.
• Afin de pouvoir communiquer cet emploi du temps aux parents sous forme de photocopie, et afin de le garder comme référent de classe, l'enseignant propose aux enfants de légender chaque photo.
• Le maître est chargé d'écrire sous la dictée des enfants ; chaque photo comporte ainsi un commentaire : l'accueil, les ateliers, la motricité, la récréation.
• L'enseignant écrit de manière claire et en script chaque mot qui est ensuite mémorisé et gardé dans le capital mots de la classe.
• La frise de la journée est affichée.
• On s'y référera aussi souvent que nécessaire pour savoir quelle activité a lieu à un moment de la journée, mais aussi pour faire le projet de travail du jour ou pour récapituler en fin de journée les temps d'apprentissage les plus forts.

ÉVALUATION

• Les enfants peuvent-ils prendre des informations sur des photos ?
• Sont-ils capables de se replacer mentalement dans certaines situations et d'y prendre des repères ?
• Peuvent-ils organiser des activités vécues dans le temps en termes d'avant, après, ensuite.

LE TEMPS QUI PASSE

« Se donner des repères dans la semaine »

Chaque jour un événement particulier

OBJECTIFS

- **Mémoriser la comptine des jours en prenant des repères visuels.**
- **Identifier et mémoriser des mots : les jours de la semaine.**

NOMBRE D'ENFANTS

- **Parfois groupe classe, parfois groupes de 8 enfants.**

DURÉE

- **Plusieurs fois 15 minutes.**

MATÉRIEL

- **Une grande feuille de cartoline sur laquelle le maître va écrire la comptine.**
- **De gros feutres de couleurs, des crayons de couleurs.**
- **Des feuilles de papier A4.**
- **Des étiquettes 10 cm x 5 cm, de la colle.**

Stratégie

Le repérage des jours de la semaine, petit rite familier, est facilité par la mémorisation de la comptine des jours. Celle-ci est donc introduite dans un premier temps, en classe, sous forme d'un affichage « coloré » plus facile à mémoriser.

1. La comptine des jours

• Elle est affichée, en grand, au tableau ; le maître l'a écrite avec soin, devant les enfants.

Le Lundi est tout gris
Jaune clair est le Mardi
Et voici Mercredi rose
On se repose…
Jeudi bleu arrive à son tour
Vendredi vert le suit toujours
Samedi rouge
Dimanche blanc
Et c'est la joie pour les enfants

• Le maître la dit plusieurs fois, afin d'en imprégner les enfants : il articule clairement chaque mot, prononce lentement chaque phrase.
• La comptine est mémorisée phrase par phrase, avec l'aide du maître.
• Les jours de la semaine sont repérés et entourés sur l'écrit par les enfants avec le soutien du maître, afin d'être mieux mémorisés.

Chaque jour un événement particulier

2. Coder les jours selon leur couleur

• L'affiche de la comptine des jours est photocopiée et déposée sur la table de chacun.

• Les noms des jours de la semaine sont entourés puis coloriés par les enfants selon le code donné par la comptine, et que le maître rappelle.

3. Organiser les jours en succession

• Une activité plus ciblée est organisée avec un groupe de 8 enfants.

• Un jeu d'étiquettes, sur lesquelles les jours de la semaine sont écrits en script, est donné à chaque enfant.

• Chacun a pour consigne d'organiser la suite des jours de manière linéaire : *Lundi, Mardi, Mercredi, Jeudi, Vendredi, Samedi, Dimanche.*

• La suite des jours est lue.

• Le même jeu est organisé en changeant la place du premier jour : *Jeudi, Vendredi, Samedi...*

• Les enfants sont ainsi amenés à appréhender l'aspect cyclique des jours de la semaine.

• Afin de mieux visualiser cela, les jours pourront être collés sur une couronne : *Mardi* est précédé de *Lundi* et suivi de *Mercredi.*

4. Constituer un semainier collectif

• L'activité est reprise en grand groupe.

• Un jeu d'étiquettes, sur lesquelles sont écrits les jours de la semaine, est disposé en désordre au tableau.

• Les enfants replacent les étiquettes chronologiquement de manière linéaire.

• L'enseignant invite les enfants à réfléchir : quelle activité ou quel fait a lieu un jour plus particulièrement ?

• Les enfants tâtonnent puis, peu à peu, des éléments intéressants émergent :

– le lundi, c'est le jour où l'on va en bibliothèque ;

– le jeudi, c'est le jour où l'intervenant musique est là ;

– le vendredi, on mange du poisson à la cantine.

• Des dessins, des illustrations sont recherchés et associés à chaque jour.

• Le semainier ainsi réalisé est exposé en bonne place au coin-calendriers. On s'y reportera lorsqu'on souhaitera avoir un repère temporel sur la semaine.

• On en profitera pour donner des informations en utilisant des temps du passé ou du futur et des mots appropriés : « Hier, c'était lundi, on est allés à la bibliothèque. »

ÉVALUATION

• Les enfants se montrent-ils peu à peu capables de reconnaître certains jours de la semaine, leur ordre chronologique, en se servant du calendrier de la classe ?

• Peuvent-ils prendre des repères sur la semaine en se référant à une activité ou à un fait qui n'a lieu qu'un jour déterminé ?

« Situer les dates d'anniversaire sur l'année »

Fêter les anniversaires

OBJECTIFS

- **Apprendre à se repérer sur un calendrier annuel.**
- **Prendre conscience du calendrier scolaire.**
- **Percevoir la notion de distance dans le temps et utiliser des termes de vocabulaire adaptés.**

NOMBRE D'ENFANTS

- **Alternance classe et groupes de 6 enfants.**

DURÉE

- **Plusieurs fois 15 minutes.**

MATÉRIEL

- **Des calendriers annuels à découper: celui de l'année en cours et la suivante.**
- **Une bande de cartoline de 1 m x 50 cm.**
- **Du gomme fix.**
- **Des ciseaux, de la colle.**
- **Étiquettes-prénoms des enfants de la classe.**

Stratégie

Un enfant, lors d'un entretien, raconte aux autres que cela va bientôt être son anniversaire. L'enseignant propose donc de regarder attentivement le calendrier et de demander aux familles de fournir la date de l'anniversaire de chacun.
Chaque enfant est muni d'un petit document à compléter: nom, prénom, date de naissance. Ces renseignements sont déterminés par le maître et les élèves lors d'un entretien.

1. Premier contact avec le calendrier annuel

- L'enseignant affiche au tableau un grand calendrier annuel.
- Les enfants sont amenés à repérer les jours de la semaine, leur répétition.
- Ils repèrent aussi les nombres qui précèdent chaque jour : 3, 4, 5… Les enfants remarquent que les mois se terminent par les mêmes nombres : 30 ou 31 sauf le mois de février.
- L'enseignant montre les mois et les nomme. Les enfants remarquent que chaque mois figure en tête de colonne, et que ces mots sont écrits plus gros et en gras.
- Les mois sont comptés, nommés avec l'aide du maître, lus et relus pour être mémorisés.

2. Fabriquer le calendrier des anniversaires

- Pour ce travail, l'enseignant rassemble autour de lui un groupe de 6 enfants.

Fêter les anniversaires

• L'enseignant a préparé une grande bande de papier qui représente un train, où figureront les mois et les anniversaires.
• Les enfants sont invités à découper les mois de l'année dans deux calendriers : celui de l'année civile qui s'achève, celui de l'année suivante. Les mois sont ensuite placés linéairement par ordre de succession : janvier, février, mars… en utilisant les mots découpés. Afin de faciliter le travail des enfants, l'enseignant a placé devant eux un calendrier référent.
• Peut-on placer les mois dans le même ordre sur le train ? Un entretien a lieu pour déterminer l'ordre qui sera adopté : les enfants peuvent en effet dire que leur anniversaire est en novembre, que c'est « proche », alors que ceux qui sont nés en avril fêteront leur anniversaire dans « longtemps ». Les enfants ont tout à fait conscience de cela car ils en parlent chez eux avec leurs parents.
• Le recours à la date du jour permet aussi de fixer le temps : « Nous sommes le... du mois de... »
• Chaque mois est collé sur un wagon du train, en tenant compte du calendrier scolaire :

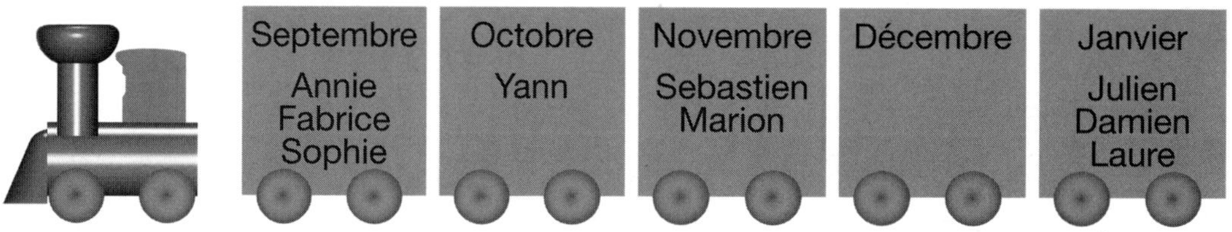

3. Replacer les dates des anniversaires
• À l'aide de l'information fournie par chaque famille, on va replacer la date d'anniversaire de chaque enfant, chacun ayant en sa possession la date de son propre anniversaire sur un papier.
• L'enseignant lit la date de l'anniversaire d'un enfant : on cherche ensemble dans quel mois il s'inscrit. On place son étiquette-prénom dans le bon wagon. On fait de même pour chaque enfant.
• Lorsque ce travail de classement est terminé, on lit les prénoms des enfants dans chaque mois : « En novembre, on fêtera l'anniversaire de Sébastien et de Marion… En février, celui de quatre enfants… »
• On spécule sur le temps à passer avant de pouvoir fêter son anniversaire : plus l'anniversaire se trouve dans un mois éloigné de celui dans lequel on est, plus on le fêtera « dans longtemps ou très longtemps ». Des termes comme *bientôt, très bientôt, longtemps…* sont ainsi utilisés en expression orale.
• Le maître veille à ce que le vocabulaire temporel soit correctement utilisé.

ÉVALUATION
• Les enfants parviennent-ils à se souvenir de l'ordre de succession des mois ?
• Sont-ils capables d'exprimer la distance temporelle qui les sépare de leur anniversaire ?

OBSERVATION RÉALISATION

« Organiser un herbier géant »

Récolte d'automne et constitution d'un musée

OBJECTIFS

- **Échanger des impressions et des sensations sur des expériences vécues collectivement.**
- **Identifier des arbres, des feuilles d'arbres et les fruits qui en proviennent. Les nommer.**
- **Mener un projet à son terme.**

NOMBRE D'ENFANTS

- **Alternance entre le groupe classe et des groupes de 8 enfants.**

DURÉE

- **Plusieurs fois 20 minutes.**

MATÉRIEL

- **Des paniers.**
- **Feuilles, fruits et enveloppes de fruits secs : marrons, noix, châtaignes, noisettes, glands de chênes...**
- **Plaques de carton de 1 à 2 mm d'épaisseur, format A4.**
- **Colle forte, pinceaux.**

Stratégie

Enseignant et enfants sont sortis de l'école, à la recherche de feuilles et de fruits secs de l'automne. Ils se sont rendus dans le parc de la ville puis ont fait une sortie en forêt. Ils ont ramassé des feuilles et des fruits tombés au pied des arbres : feuilles de marronniers et marrons, feuilles de châtaigniers et châtaignes, parfois encore dans leur bogue.

1. Parler de la récolte

- Tous les enfants sont rassemblés au coin-langage. La récolte des sorties est disposée devant eux.
- Un bref rappel est fait de ce qui a été vu et entendu : des arbres, des oiseaux, un écureuil, le vent...
- Un temps est accordé à la manipulation des feuilles et des fruits : des remarques spontanées sont faites sur l'aspect de la matière, son toucher, ses odeurs... sur les bruits lorsqu'on marchait dans les feuilles.
- Les feuilles tombent, c'est automne : la notion de saison est rapidement évoquée et repérée sur le calendrier.
- Les feuilles sont ensuite rassemblées en fonction de l'endroit où on les a trouvées : elles sont nommées.
- Les fruits secs et leurs enveloppes (bogue, cupule des glands...) sont appariés avec les feuilles et sont nommés.
- On réfléchit ensemble pour savoir si tous sont comestibles : afin de s'en assurer, l'enseignant recherche l'information devant les enfants dans un livre documentaire sur les arbres et la leur lit.

Récolte d'automne et constitution d'un musée

Les enfants sont amenés à remarquer que l'on appelle souvent « marrons » des châtaignes et que les marrons du marronnier ne sont pas comestibles, mais dangereux à consommer.

• L'enseignant profite de l'occasion qui lui est offerte pour rappeler aux enfants que l'on ne porte pas à la bouche n'importe quoi : une éducation à la sécurité est ainsi amorcée.

2. Fabriquer un herbier

• L'enseignant rassemble autour d'une table un groupe de 8 enfants ; les autres enfants de la classe sont répartis dans des ateliers fonctionnant en autonomie.

• L'enseignant explique aux enfants que, si l'on veut garder la trace des feuilles et des fruits recueillis en forêt, il faut les coller sur un support.

• Le projet est fait d'exposer ensuite les réalisations et de les montrer aux autres classes de l'école.

• Chaque enfant est muni d'une plaque de carton de 1 à 2 mm d'épaisseur (format A4), d'un pinceau et de colle forte.

• Chacun choisit une variété d'arbre et colle sur le même support : une feuille, des fruits et éventuellement l'enveloppe du fruit.

• Comment reconnaître plus tard les différentes variétés de feuilles récoltées ? Les enfants proposent d'écrire les noms sous chaque élément.

• Ils dictent les mots à l'adulte : celui-ci écrit avec application et lenteur devant eux en joignant la parole aux gestes, sur chaque support.

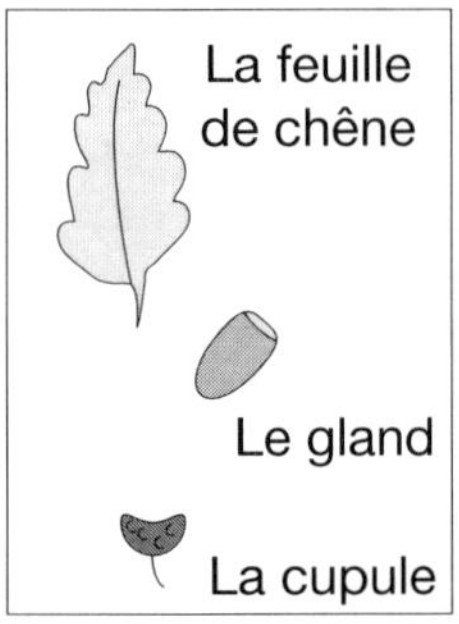

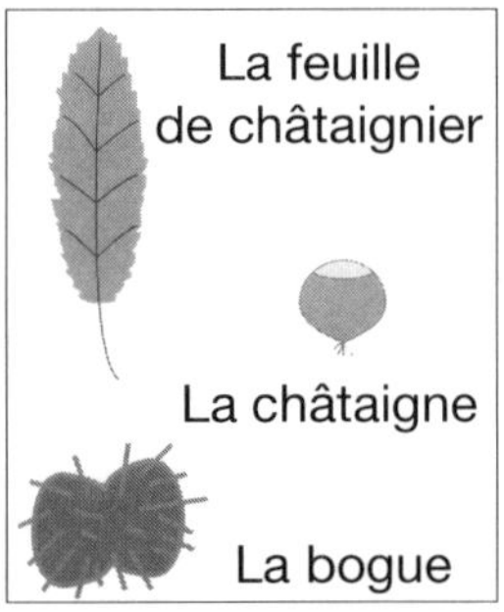

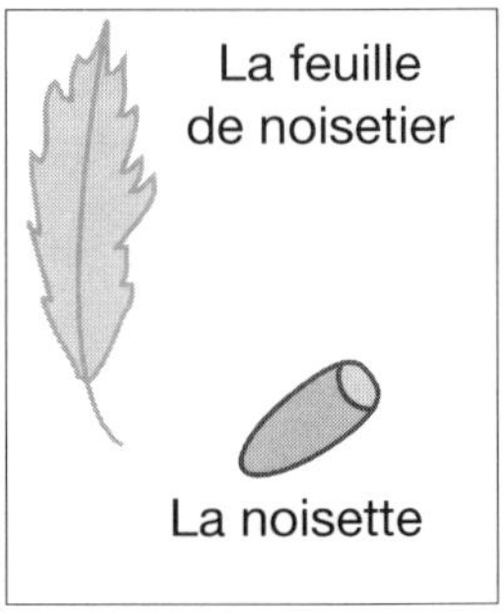

• Lorsque toutes les variétés de feuilles et de fruits ont été collées et annotées, l'enseignant propose de rechercher un endroit où exposer les panneaux.

ÉVALUATION

• L'enseignant sera attentif à la façon dont chacun fait appel à ses sens pour identifier les feuilles : vue, toucher, odeur…

• Il repérera les enfants qui adhèrent au projet de classement et ceux qui ne sont pas intéressés.

• Il sera sensible aussi à la précision du vocabulaire employé par chacun.

OBSERVATION MANIPULATION

« Le moulin à légumes »

Démonter et remonter un objet

OBJECTIFS

- **Chercher l'outil le mieux adapté à une fonction technologique.**
- **Adapter les gestes aux outils.**
- **Être capable de prendre des repères sur la combinaison des éléments d'un objet pour le démonter et le remonter.**
- **Comparer deux objets qui ont la même fonction mais qui relèvent d'une époque différente.**

NOMBRE D'ENFANTS

- **Groupe de 8 enfants.**

DURÉE

- **Plusieurs fois 20 minutes.**

MATÉRIEL

- **Des pommes.**
- **Des couteaux en plastique, des fourchettes, des cuillères.**
- **Des presse-légumes.**
- **Un mixeur.**
- **Des assiettes.**

Stratégie

En cette période d'automne, les enfants ont apporté des pommes de leur jardin. Projet est fait de préparer une compote pour le goûter.
Les pommes sont découpées en morceaux et cuites dans la cuisine.

1. Faire une compote de pommes

• L'enseignant rassemble un groupe de 8 enfants pour écraser les pommes cuites.
• Le groupe d'enfants se trouve face à une problématique : comment transformer les morceaux de pommes cuites en purée de pommes ?
• Différents éléments se trouvent rassemblés sur la table : des cuillères, des fourchettes, des moulinettes avec des grilles de différentes tailles.
• Inviter les enfants à utiliser ce qui est mis à leur disposition pour réaliser la compote : chacun peut choisir d'essayer d'écraser les pommes avec la cuillère, la fourchette ou en utilisant le presse-purée.
• Saisir des moments appropriés de l'action pour parler de ce qui se passe à la maison.
• Inviter les enfants à broyer les pommes avec différentes grilles du presse-purée.
• Observer les compotes obtenues selon les grilles utilisées : chacun peut goûter les compotes et remarquer que les morceaux de pommes sont plus ou moins écrasés suivant la grille utilisée.

2. Observer l'objet « moulin à légumes » : démonter – remonter

• Démonter l'appareil et regarder ses composantes :
– le presse-purée ;
– la grille (comment est-elle posée sur le support ?) ;
– la poignée que l'on fait tourner.

• Remonter le presse-purée en agençant bien chaque pièce et tenter de dire comment et pourquoi les morceaux de pommes sont écrasés.

• Laisser aux enfants un temps de tâtonnement : ils doivent pouvoir ajuster leurs gestes, monter et démonter aussi souvent que nécessaire.

3. Représenter l'objet

• Dessiner un presse-purée : il sera intéressant de voir comment chacun représente l'objet, quels sont les éléments particulièrement repérés.

• L'enseignant accordera un temps au commentaire des différentes productions : les enfants seront amenés à dire ce qu'ils ont dessiné.

4. Objets d'hier et d'aujourd'hui

• Introduire un objet technique plus récent : le robot mixeur.

• Demander aux enfants s'ils connaissent cet appareil ménager et comment on s'en sert.

• Permettre à chaque enfant de s'exprimer et de dire ce qu'il sait du robot et de son mode de fonctionnement :
– comment l'ouvrir, ou mettre les morceaux de pommes ;
– comment le brancher ;
– comment le mettre en service.

• Le maître, seul, manipulera le robot mixeur.

• Il insistera sur les risques encourus lors de l'utilisation de cet appareil : un temps de réflexion sera donné sur l'éducation aux risques ménagers.

• Dessiner le robot mixeur, puis comparer par un échange verbal les différentes productions obtenues : a-t-on pensé à dessiner la prise, le bouton de mise en marche, le système d'ouverture ?

ÉVALUATION

• Les enfants peuvent-ils établir des comparaisons d'efficacité et de rapidité de deux objets de même fonction ?

• Peuvent-ils monter et démonter un objet technologique simple tel que le presse-purée ?

• Ont-ils retenu les risques d'un engin électrique ?

OBSERVATION RÉALISATION

« Fabriquer de la pâte à papier »

Transformer la matière

OBJECTIFS

- **Apprendre à se servir d'un texte prescriptif en vue d'une réalisation matérielle.**
- **Pouvoir fabriquer une matière en respectant l'ordre des actions.**

NOMBRE D'ENFANTS

- **Groupe de 6 enfants pris en charge par roulement.**

DURÉE

- **Plusieurs fois 20 minutes.**

MATÉRIEL

- **La recette de la pâte à papier.**
- **Du papier journal.**
- **De la colle à papier peint.**
- **Des saladiers, de grandes cuillères en bois.**
- **De l'eau.**
- **Un moulin à légumes ou un mixeur.**

Stratégie

Les enfants souhaitent fabriquer des masques mais ils n'ont pas à leur disposition de pâte à bois ou à papier. Un entretien fait émerger la nécessité de se procurer le matériau à moindre coût. L'enseignant propose alors aux enfants de recycler du papier journal et de préparer de la pâte à papier rudimentaire. Il introduit dans la classe un écrit de type recette pour la fabrication de la pâte à papier.

1. S'informer sur la fabrication de la matière

• L'enseignant conduit l'activité avec un groupe de 6 enfants ; les autres ont des activités autonomes de graphisme, de peinture, de jeux perceptivo-moteurs, de lecture en bibliothèque.
• Les enfants qui vont faire la pâte à papier ont à leur disposition le texte illustré pour la fabrication de la recette.

Déchiqueter des petits bouts de papier journal
Faire tremper ces papiers dans de l'eau
Passer le papier mouillé à la moulinette ou au mixeur
Ajouter 4 cuillères de colle à papier peint
Mélanger – attendre : la pâte est prête à l'emploi

Transformer la matière

• S'appuyant sur les illustrations, les enfants font une première lecture d'approche.
• L'enseignant prend note de ce qui a été dit : il reformule ce que les enfants ont trouvé puis lit à plusieurs reprises l'écrit prescriptif.
• Les enfants sont amenés à nommer les actions : déchiqueter, mouiller, écraser…
• Ils recherchent dans la classe le matériel, les ustensiles nécessaires à la fabrication et l'enseignant procure les matériaux qui ne sont pas disponibles à première vue : le papier journal, la colle, l'eau.

2. Fabriquer la pâte à papier

• Le même groupe d'enfants s'active à la réalisation de la pâte.
• En cours de réalisation, des remarques enfantines fusent, nées des actions engagées : le papier est déchiqueté facilement, mais on finit par avoir mal aux doigts, cela ne va pas vite ; le papier mouillé déteint, on a de l'encre sur les doigts ; mélangé à la colle, la pâte devient gluante, collante aux doigts, plus lourde.
• L'enseignant veille à ce que les enfants explicitent leurs sensations, à ce que des termes précis et techniques soient employés.
• La pâte à papier est testée sur un masque pour vérifier que sa texture est adaptée à la fonction visée. Si nécessaire, elle est rectifiée par ajout de colle ou de pâte de papier : un entretien au sein du groupe permet de faire des hypothèses sur ce qui est à améliorer et comment.

3. Replacer les actions dans l'ordre

• Les mêmes enfants sont invités à replacer dans l'ordre des dessins représentant les différentes actions de la recette.
• Les enfants relatent les actions successives pour fabriquer de la pâte à papier ; ils replacent en même temps les images dans l'ordre.
• Le maître veille à ce que des termes précis tels que : *d'abord, après, ensuite, à la fin,* soient employés.

4. Réflexion sur la préservation de l'environnement

• Un temps d'entretien est accordé à une réflexion sur le recyclage du papier :
– Que devient le papier usagé ?
– Pourquoi on pourrait le recycler davantage ?
– Comment s'organiser pour trier les déchets ?
– Préserver la nature en évitant de couper trop d'arbres pour faire du papier.
– Prendre soin de l'environnement en ne laissant pas traîner où en ne jetant pas les papiers n'importe où.

ÉVALUATION

• Les enfants sont-ils capables de prendre des informations sur un écrit prescriptif ?
• Parviennent-ils à fabriquer une matière en respectant l'enchaînement des actions ?
• Peuvent-ils exercer un esprit critique face à leur réalisation ?
• Sont-ils à même de réfléchir sur le rôle du papier et les inconvénients de sa fabrication sur l'environnement ?

OBSERVATION VERBALISATION

« L'élevage d'escargots »

Créer un milieu de vie

OBJECTIFS

- **Éduquer les enfants au respect de l'environnement et de la faune.**
- **S'informer sur le mode de vie d'un animal et lui construire un lieu de vie adapté.**
- **Observer l'animal et faire des remarques sur les causes et les effets.**

NOMBRE D'ENFANTS

- **Groupe classe puis groupe restreint.**

DURÉE

- **Plusieurs fois 15 à 20 minutes.**

MATÉRIEL.

- ***Copains des bois*, Milan**
- ***Réaliser des petits élevages*, Bordas.**
- ***Sciences et technologie*, coll. Tavernier, Bordas.**
- **Un aquarium.**
- **Du papier plastique.**
- **Du terreau.**
- **Des feuilles mortes et de la salade.**
- **Un brumisateur.**

Stratégie

Lors d'une promenade dans les bois, les enfants ont vu et pris quelques escargots.
L'enseignant se propose d'aborder le mode de vie de cet animal et de parler du respect que l'on doit à tout animal.

1. Le respect de la vie animale

• Tous les enfants sont rassemblés autour de l'enseignant au coin-langage.
Il s'est procuré un texte informatif sur la vie de l'animal : *Réaliser des petits élevages*, Bordas.
• Il fait remarquer aux enfants que l'escargot est un animal protégé que l'on ne peut prélever dans son milieu qu'à certaines périodes de l'année.
• La notion d'animal protégé est élargie à d'autres animaux lors de l'entretien : serpents, bouquetins, etc. L'enseignant en profite pour alerter les enfants sur la préservation du milieu naturel et de ses habitants. Il les fait réfléchir sur les dégradations portées au milieu. Certaines émissions de télévision sur ce thème sont évoquées.
• Il incite les enfants à réfléchir sur la vie de l'animal captif et mal soigné : les animaux doivent être bien traités et gardés le moins possible en captivité. Il insiste sur le fait que l'animal n'est pas un jouet : on doit en prendre soin.

Créer un milieu de vie

• La mise en place d'un lieu de vie pour les escargots dans la classe donne lieu à l'établissement d'un tableau de responsabilités pour les soins journaliers : nourriture, entretien du milieu.

2. Prévoir l'« escargotière »

• On s'informe collectivement en cherchant des documents relatifs à la réalisation de cette escargotière. Les textes rassemblés après une recherche conduite sous l'égide du maître, dans la bibliothèque de l'école, sont lus par l'adulte.

• Le texte qui fait plus précisément référence à l'organisation du milieu de vie est relu plusieurs fois, afin que toutes les informations essentielles soient retenues mentalement par les enfants.

• Les éléments nécessaires sont listés : un aquarium, du terreau, des feuilles mortes humides, une feuille en plastique pour recouvrir l'aquarium. Tout est noté au tableau par le maître et illustré par des dessins. Chacun participe à l'apport des différents éléments.

3. Réaliser l'escargotière

• Un groupe de 6 enfants est chargé de mettre tout en place dans l'aquarium.

• Avant de lancer l'activité, les enfants font un bref rappel des modalités de réalisation.

• En fin de réalisation, le point est fait collectivement : les enfants qui ont constitué l'escargotière font le compte rendu au reste de la classe de ce qui a été réalisé.

• Prenant appui sur le texte se référant à la réalisation, que l'enseignant prend le soin de relire, les enfants avalisent ou non ce qui a été fait : l'escargotière est conforme ou non à ce qui était prévu sur la notice.

4. Nourrir les escargots, leur donner des soins et observer l'animal

• Après lecture de documents sur le mode de vie de l'animal, les enfants constatent que l'escargot se nourrit de végétaux : la salade en particulier.

• Comment procède-t-il pour manger : broie-t-il, suce-t-il, ronge-t-il les aliments ?

• Ils remarquent que cet animal aime l'humidité et qu'il sort de sa coquille lorsqu'on humidifie l'aquarium avec un brumisateur.

• Ils constatent aussi, en observant l'animal dans son milieu, que l'escargot laisse une trace quand il se déplace sur la vitre de l'aquarium ; il bave.

• Comment se déplace-t-il : il glisse, il traîne, il ondule ?

• On constitue ensemble une affiche explicative du mode de vie de l'animal, illustrée par les enfants sous forme de dessins, légendés par le maître. Elle est exposée dans la classe.

• Lorsque le champ d'observation de l'animal est clos, l'enseignant et les enfants retourneront à l'endroit où les escargots ont été prélevés : la liberté sera rendue aux escargots.

ÉVALUATION

• Les enfants sont-ils capables de mener le projet de réalisation d'une escargotière à bien ?

• Peuvent-ils tirer profit de leurs observations pour dégager quelques remarques sur les causes et les effets ?

OBSERVATION VERBALISATION

« *Planter des graines, des fruits secs* »

Voir grandir les plantes

OBJECTIFS

- **Faire l'inventaire du matériel nécessaire pour un projet.**
- **Repérer l'ordre des actions pour une plantation.**
- **Prendre conscience des notions de vie et de croissance.**

NOMBRE D'ENFANTS

- **Alternance de groupes de 6 enfants ou en grand groupe.**

DURÉE

- **Plusieurs fois 20 minutes.**

MATÉRIEL

- **Des fruits secs, des graines diverses à semer : pois, haricots, lentilles, etc.**
- **De la terre, du sable, de l'eau.**
- **Des pots.**
- **Des cuillères à soupe.**
- **Étiquettes-prénoms.**
- **Du scotch en rouleau.**

Stratégie

Lors d'une sortie, les enfants ont ramassé de nombreux fruits secs : noix, noisettes, glands, marrons, châtaignes. Ils se proposent de les faire pousser.
L'enseignant demande aux enfants de rapporter de chez eux d'autres éléments à faire pousser : haricots, lentilles, pois, grains de maïs.

1. Faire un inventaire

• L'enseignant a rassemblé le groupe classe au coin-langage. Un temps d'entretien a lieu pour identifier, nommer tous les éléments rapportés : fruits secs, graines diverses.
• L'enseignant rappelle aux enfants leur projet de plantation.
• Un inventaire est fait du matériel nécessaire. L'enseignant, sous la dictée des enfants, liste ce qu'il faudra rassembler : pots, terre et sable, eau, étiquettes pour coder les pots, cuillères pour faire le mélange.
• On se demande à quel endroit aura lieu l'expérimentation : il s'agit de choisir un endroit lumineux, chauffé et protégé.

Voir grandir les plantes

2. Planter

• L'enseignant fait le choix d'organiser l'activité avec un groupe de 6 enfants. Les autres enfants viendront sur un autre temps au même atelier.
• Il met à la disposition de chacun le matériel nécessaire.
• Pendant que les enfants plantent les graines, l'enseignant prend des photos des actions essentielles avec un Polaroïd.

3. Coder les pots

• Comment se souvenir de ce que chacun a planté dans son pot, comment reconnaître son pot ?
– les enfants proposent de coller leur étiquette-prénom sur leur pot.
– pour se souvenir du contenu de leur pot, ils proposent de dessiner les graines qu'ils ont plantées ou de coller une graine sur le pot avec du scotch.
• Lorsque l'identification des pots et de leur contenu est effectuée, chacun place sa plantation à l'endroit qui a été choisi dans la classe.

4. Identifier les actions

• Les photos prises lors des plantations sont revues en grand groupe.
• Chacun essaie de replacer les photos dans l'ordre des actions nécessaires à la plantation des graines.
• L'enseignant se montre vigilant sur les formulations verbales utilisées par les enfants : il exige les mots justes, adaptés aux situations, un vocabulaire spécifique.

5. Mesurer la pousse des graines

• Chaque enfant dispose d'une bande de papier.
• Une fois par semaine, en plaçant la bande de papier en regard de la plantation, chaque enfant peut constater la croissance de sa plante : il reporte sur la bande de papier un trait correspondant à la taille de la plante et note la date avec un dateur.
• L'enseignant engagera à chaque fois une réflexion collective pour faire émerger des remarques :
– certaines graines croissent plus vite que d'autres ;
– certaines germent très lentement, d'autres non ;
– certaines plantes que l'on a oublié d'arroser ou que l'on a trop arrosées meurent ;
– les plantes ont besoin de soins pour grandir, comme les enfants : elles ont besoin d'être nourries, d'avoir de la lumière et de la chaleur.

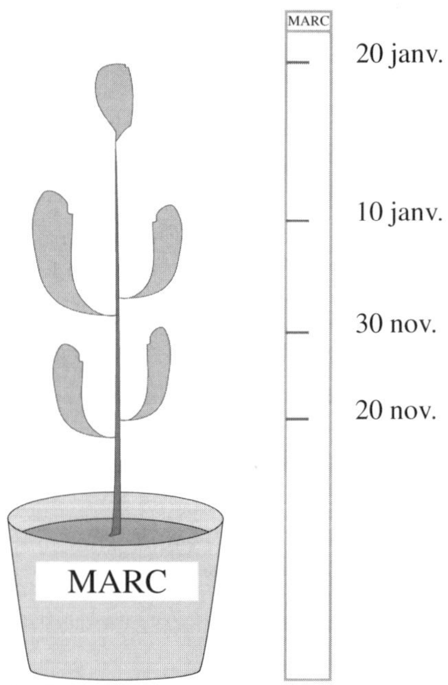

Graines de lentilles

ÉVALUATION

• Les enfants ont-ils été capables de conduire leur projet de plantation à son terme ?
• Se sont-ils posé des questions sur la croissance des plantes, des êtres vivants en général ?
• Ont-ils pu prendre conscience de la notion de croissance à partir des mesures effectuées ?

« Les articulations du corps »

Fabriquer un pantin

OBJECTIFS
- **Faire repérer et nommer les articulations du corps humain.**
- **Pouvoir identifier une position et la reproduire sur un pantin.**

NOMBRE D'ENFANTS
- **Groupe classe puis 6 enfants en atelier.**

DURÉE
- **Plusieurs fois 20 minutes.**

MATÉRIEL
- ***Manuel de sciences et technologie CP,* coll. Tavernier, Bordas.**
- **De la cartoline.**
- **Des attaches parisiennes, de la laine, de la colle.**
- **Des photos prises dans des catalogues et revues.**
- **Des ciseaux.**

Stratégie

Au cours des séances de locomotion et d'activités d'expression corporelle, l'enfant prend conscience de son corps et de ses articulations.
Afin de rendre cette connaissance plus sensible et réfléchie, le maître se propose de faire construire par les enfants des pantins articulés et de les leur faire manipuler.

1. Projeter la réalisation des pantins
• Lors d'un entretien collectif, un rappel est fait des actions engagées en motricité et des points d'articulation du corps.
• L'enseignant veille à ce que les différents points d'articulation du corps soient nommés avec précision : le coude, le genou, la cheville… ; en même temps, les enfants montrent les parties corporelles concernées.
• On se propose de rechercher dans les livres de la bibliothèque de l'école un modèle de réalisation de pantin articulé : on en trouvera dans le rayon technologie et bricolage.

2. Rassembler le matériel, fabriquer l'objet
• L'enseignant rassemble, un groupe de 6 enfants. Les autres enfants sont répartis en ateliers fonctionnant en autonomie : dessin du bonhomme, puzzles, modelage, découpage, collage, etc.
• À partir du modèle de pantin fourni par l'ouvrage pris en bibliothèque, les enfants dressent la liste du matériel nécessaire à la réalisation.
• L'enseignant met à la disposition des enfants le matériel nécessaire et des patrons de pantins.

Fabriquer un pantin

• Les pantins sont découpés dans de la cartoline par les enfants, selon le patron qui y figure.

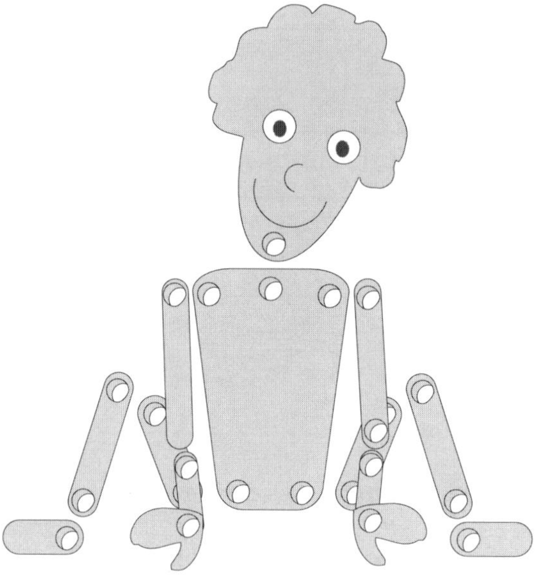

• Un entretien a lieu pour définir quel mode de lien servira à relier les articulations : les enfants proposent de la colle, de la laine, des attaches parisiennes. Toutes ces propositions seront testées et avalisées ou non lors de la confection des pantins.
• L'enseignant entraîne les enfants à verbaliser ce qu'ils font, à utiliser des termes précis et explicites.

3. Adopter des positions
• Les enfants font prendre différentes positions aux pantins, ils expliquent pourquoi et comment le corps adopte telle ou telle position, ils miment les actions simultanément.
• L'enseignant propose des photos de personnages pris dans des catalogues.
• Chaque enfant choisit un personnage et donne à son pantin la position adoptée sur la photo ; il explique les gestes à faire pour obtenir cette position : plier les jambes, reposer sur les genoux.
• L'enseignant évoque une séance de motricité qui a eu lieu la veille : le jeu des « statues ». Il demande aux enfants de placer les membres du pantin dans la position que l'enfant avait adoptée dans le jeu.
• Les pantins seront soigneusement rangés et serviront lors d'autres activités motrices.

ÉVALUATION
• L'enseignant évaluera la capacité des enfants à repérer et nommer des points d'articulation du corps.
• Il notera ceux qui peuvent transférer cette connaissance dans la manipulation d'un pantin et ceux qui ont encore une perception confuse de leur corps.

OBSERVATION VERBALISATION

« Du plus jeune au plus vieux »

Les âges de la vie

OBJECTIFS

- **Avoir une approche intuitive de la notion de génération.**
- **Pouvoir représenter sa famille et parler des âges.**

NOMBRE D'ENFANTS

- **Alternance entre le groupe classe et des groupes de 8 enfants.**

DURÉE

- **Plusieurs fois 20 minutes.**

MATÉRIEL

- **Publicités qui montrent des personnes à divers âges : du bébé au vieillard.**
- **Colle et ciseaux.**
- **Feuilles A4.**
- **Feutres.**
- **Photos de famille pour chaque enfant.**

Stratégie

L'enseignant désire attirer l'attention des enfants sur les étapes de la vie.
De nombreuses photos, prises dans les publicités, montrent des personnes aux divers âges de la vie : petite enfance, jeunesse, maturité, vieillesse.
Les enfants de 4 ans se posent naturellement des questions sur la vie et le vieillissement : une réflexion en commun va être engagée sur ce thème.

1. Rassembler des documents iconographiques et les trier

• L'activité est amorcée avec un groupe de 8 enfants. Les autres enfants de la classe sont répartis aux ateliers et dans les coins-jeux ainsi que dans la bibliothèque de classe.
• Les enfants, rassemblés autour du maître, choisissent dans divers catalogues spécialisés pour bébés et adultes, des photos de personnes et les découpent. Les photos sont mises en commun dans une boîte.
• Lorsque les photos découpées sont en nombre suffisant, l'enseignant incite les enfants à les trier.
• Il observe attentivement la façon dont ils procèdent.
• Dans un premier temps, les enfants peuvent faire le choix de trier les personnages selon leur sexe, ou en recourant à plusieurs tranches d'âge : bébé, très jeune enfant, enfant, adolescent.
• L'enseignant aide les enfants à faire émerger de grandes catégories en référence aux générations : enfants, parents, grands-parents.

2. Situer les générations

• Un entretien avec toute la classe a lieu, à partir des photos qui sont rassemblées selon les tranches d'âge.

• Les enfants parviennent assez bien à situer les étapes de la vie entre la naissance et l'adolescence : le point est fait sur l'idée de croissance.

• On remarque à partir des photos que la chevelure devient de plus en plus abondante, que l'enfant apprend à parler, à marcher… Chacun fait part de son expérience personnelle car les enfants ont souvent des frères et sœurs. Des échanges fructueux ont lieu au sein du groupe.

• L'idée de génération précédente est assez facilement acquise ; les enfants parlent de leurs parents.

• Plus difficile est l'approche de la vieillesse un entretien à partir de photos très évocatrices ; sera utile pour dégager quelques critères du vieillissement : les rides, les cheveux blancs, la démarche courbée et hésitante.

• On ne peut assimiler l'idée de vieillesse à la troisième génération (grands-parents) comme autrefois.

3. Dessiner les membres de sa famille

• L'activité se poursuit avec la prise en charge d'un groupe de 8 enfants.

• L'enseignant invite chaque enfant à représenter par le dessin les membres de sa famille : frères et sœurs, parents, grands-parents.

• Lorsque le dessin est en cours ou presque achevé, l'enseignant se porte au niveau de chaque enfant et propose d'écrire le nom de chaque personnage sous les représentations : l'enfant nomme, le maître écrit.

• Les enfants échangent entre eux des réflexions sur la constitution de leur famille : ils parlent de grands frères, de petites sœurs, etc.

• Quatre ans, c'est l'âge où il est important pour les enfants de parvenir à se situer dans la fratrie et dans la famille.

ÉVALUATION

• Les enfants parviennent-ils à avoir une conscience claire de la position respective des membres de la famille ?

• Savent-ils exprimer, après comparaison, les âges de deux personnes en employant les expressions : *plus jeune, plus vieux, moins jeune, le plus jeune,* etc. ?

OBSERVATION VERBALISATION

« Activités autour d'un film »

De la projection à l'étude du film

OBJECTIFS

- **Apprendre à maintenir son attention auditive et visuelle assez longtemps.**
- **Savoir mettre en mots les temps forts d'une histoire et les dessiner.**
- **Pouvoir réorganiser un récit oral chronologiquement.**
- **Acquérir du vocabulaire et des formes syntaxiques.**

NOMBRE D'ENFANTS

- **Groupe classe.**

DURÉE

- **Visionnage du film : 40 minutes (2 fois).**
- **Plusieurs fois 20 minutes.**

MATÉRIEL

- **Un téléviseur.**
- **Un magnétoscope.**
- **La cassette du film *Alice au Pays des merveilles.***

Stratégie

Un nouveau film a été acheté par l'école, sous forme de cassette. Il s'agit du film *Alice au Pays des merveilles*. L'enseignant se propose de travailler ce support dans sa globalité et dans la durée afin d'habituer les enfants à soutenir leur attention et de limiter le zapping auquel ils se livrent trop souvent.

1. Visionner le film et en parler

• L'enseignant installe confortablement les enfants devant la télévision, dans la salle de jeu ; il leur annonce très brièvement ce qu'ils vont voir, sans présenter le film.

• L'enseignant, sur la durée de la projection, se montre attentif aux comportements des enfants : attention soutenue, digressions orales, distraction.

• Après avoir visionné le film, un temps est accordé à un échange spontané : les enfants posent des questions, exposent ce qui leur a plu, cherchent des explications à ce qu'ils n'ont pas bien saisi.

• L'enseignant, à l'écoute, note les remarques, les questions qui n'ont pas trouvé de réponses au sein du groupe d'enfants.

• Il prend aussi en note les mots tels que : *parce que…, et puis…, c'est que…, c'est quoi…*

• Il repère dans les phrases enfantines des étapes du récit, qui seront à remettre dans l'ordre chronologique.

• Il prend appui sur les observations des enfants, sur leur perception, pour les aider, dans un autre temps, à construire une signification.

2. Raconter le film et en dessiner les temps forts
• Le groupe classe se rassemble pour cet échange au coin-langage, face au maître.
• L'enseignant donne pour consigne d'« essayer de raconter l'histoire » aux enfants de la classe qui étaient absents le jour de la projection. Ceux-ci peuvent interrompre le récit pour demander des explications, des précisions.
• L'enseignant propose ensuite à chaque enfant de dessiner un épisode de l'histoire qu'il a particulièrement apprécié : il s'organise de manière que les dessins soient suffisamment diversifiés... Pour ce faire, chacun annonce ce qu'il va dessiner avant de se lancer dans l'activité ; le maître le prend en note et l'inscrira au dos de chaque dessin.
• Il engage chaque enfant à se souvenir de ce qu'il a vu, entendu : cela demande un effort de mémoire, la recherche de repères par évocation...

3. Réorganiser les dessins dans l'ordre chronologique
• Tous les dessins sont disposés en désordre sur le tableau et rapidement commentés par leur auteur.
• L'enseignant invite les enfants à raconter à nouveau l'histoire et à placer simultanément dans l'ordre les dessins qui illustrent chaque passage.
• Il demande aux enfants d'utiliser des connecteurs spatiaux temporels : *alors, parce que, soudain, à ce moment-là, ensuite...*
• Le film est ensuite repassé dans son intégralité : les enfants doivent faire un effort de mémorisation pour comparer le contenu du film avec ce qu'ils ont raconté et les dessins effectués.
• En fin d'histoire, l'attention des enfants est attirée sur les épisodes qui n'ont pas été illustrés. Il faudra compléter les dessins.
• Un dernier temps sera accordé par l'enseignant au repérage sur le film des différentes séquences, à l'analyse du personnage essentiel, à la notion de début et de fin d'histoire filmée...

ÉVALUATION
• L'enseignant évaluera la manière dont les enfants s'attachent aux images : le font-ils de manière superficielle ou en se concentrant ?
• Les enfants sont-ils capables de prendre des repères dans l'histoire en images et peuvent-ils en restituer l'essentiel ?
• Ont-ils capté des termes de vocabulaire et des structures langagières qu'ils réinvestissent ?

Imaginer, sentir, créer

Imaginer, sentir, créer

Exemples de situations pédagogiques

SITUATION	OBJECTIFS PLURIDISCIPLINAIRES
Groupe classe – Regarder une reproduction d'œuvre : • la recouvrir d'un drap et la dévoiler progressivement ; • laisser les enfants s'exprimer librement sur ce qui leur est donné à voir : couleurs, graphismes, traces, aspect figuratif…	– Amener les enfants à faire acte d'observation, à dire ce qu'ils voient ; les engager à faire des hypothèses par rapport à ce qui leur est donné à voir… – Sensibiliser les enfants à une œuvre d'art, à la façon dont le peintre a pu procéder.
Groupe restreint – En peinture, utiliser des techniques diversifiées et observer les effets produits en variant : le support les outils —— le médium – Constituer un fichier des recherches plastiques.	– Favoriser l'expression créatrice des enfants, les amener à se constituer une palette de savoir-faire. – Garder en mémoire ces savoir-faire et les réinvestir.
Groupe restreint – Créer le décor d'un spectacle, d'une fête	– Mettre ses savoir-faire au service d'un projet interdisciplinaire.
Groupe classe – Créer des mobiles colorés pour décorer la classe, l'école.	– Faire preuve de créativité et mettre cette créativité au service d'un projet collectif. – Mener un projet d'art plastique à son terme.
Groupe classe – Rassembler toutes les productions plastiques de l'année et organiser une exposition : la mettre en valeur, l'expliquer, inviter les autres classes et les parents…	– Savoir mettre en valeur ses productions. – Partager son plaisir, sa satisfaction avec les autres. – Élargir ses possibilités créatrices.

Exemples de situations pédagogiques

SITUATION	OBJECTIFS PLURIDISCIPLINAIRES
Groupe restreint – Utiliser des éléments naturels pour faire un tableau.	– Donner de l'harmonie aux formes et aux couleurs naturelles. – Savoir faire une mise en espace.
Groupe classe – Constituer une chorale avec les autres classes de l'école.	– Mettre en œuvre une démarche active de coopération, de participation. – Apprendre à écouter, reproduire, ressentir, mémoriser des mots, des sons, une ligne mélodique.
Groupe classe – Mémoriser un chant et faire un accompagnement musical avec des instruments de l'école ou des instruments fabriqués.	– Être attentif à un rythme, y participer. – Adapter ses gestes aux sons à produire. – Faire preuve d'acuité auditive. – Participer à un projet collectif.
Groupe restreint – Mémoriser des comptines, des formulettes, des jeux de doigts.	– Pouvoir dire un texte face au groupe, seul ou avec des camarades. – Avoir une voix audible, bien articulée, juste, en marquant le rythme. – Connaître les paroles et les gestes, les synchroniser.
Groupe restreint – Rythmer des comptines en les frappant de différentes façons (mains, pieds, ...)	– Acquérir le sens du rythme, savoir le marquer.

ÉCOUTE ET PRODUCTION DE SONS

« Écouter, identifier et produire des sons »

Du son perçu au son produit

OBJECTIFS

- Développer et affiner l'attention et l'acuité auditive.
- Développer l'écoute active.
- Identifier des sons.
- Savoir produire des sons en tenant compte de leur intensité, de leur hauteur, du timbre.

NOMBRE D'ENFANTS

- Alternance de petits groupes ou du groupe classe.

DURÉE

- Plusieurs fois 20 minutes.

MATÉRIEL

- Un magnétophone.
- Une bande de bruits enregistrés : ruisseau, oiseau, vent, clochette, sonnerie, voiture, camion...
- Des images en référence aux différents bruits entendus.

Stratégie

L'enseignant a préparé une bande-son (bruitages) qu'il souhaite faire entendre aux enfants. L'activité d'écoute de bruits divers sera suivie d'une reproduction de sons par les enfants.

1. Écoute attentive et reconnaissance de bruits

• L'enseignant a rassemblé 8 enfants au coin-langage. Les autres sont répartis dans des ateliers pouvant fonctionner sans bruit : graphisme, puzzles, dessin, coloriage.

• Il prévient les enfants du contenu de l'activité : des sons familiers ont été enregistrés ; il va falloir les écouter, les reconnaître, les nommer.

• Les enfants se mobilisent pour une écoute attentive ; la bande sonore est passée plusieurs fois

• L'enseignant s'enquiert ensuite auprès des enfants des sons qu'ils ont identifiés.

• Les sons reconnus sont validés par des images ou des objets à la disposition des enfants qui indiquent la nature de l'objet et l'origine d'un bruit. Au fur et à mesure qu'un bruit est identifié, l'image correspondante est montrée.

• L'objet à l'origine du son est nommé, le bruit est imité plusieurs fois.

Du son perçu au son produit

2. Produire des bruits

• L'enseignant entraîne les enfants à imiter des bruits divers :
– imitation de chants d'oiseaux, d'objets sonores, d'autres animaux…
– reprise d'onomatopées : *clip clap, crocpac, dogmag, mamadodo* ; jeux de sons que les enfants ont du plaisir à dire, articuler, répéter sans fin.
• Prendre ancrage sur ces mots inventés et sonores pour placer la voix : les dire fort, doucement, dans un chuchotement, avec une voix en colère, endormie, enrhumée. Jouer des différents registres de la voix pour en saisir l'ampleur, les capacités et la maîtrise.

3. Jeux de mise en voix avant un chant

• Ces jeux sont organisés avec toute la classe.
• Auparavant, placer les enfants correctement en face de soi : debout, bien droits, pieds légèrement écartés, la tête bien droite. Faire quelques exercices de relâchement des épaules, de la mâchoire, de la langue et des lèvres.
• Le maître explique ensuite les jeux auxquels on va jouer et à quoi ils servent :
– faire des bruitages de lèvres, de la langue, pour plus de souplesse… ;
– tenir un son : le son « mmm » est produit bouche fermée après une prise de respiration ; le son est émis le plus longtemps possible. Pour interrompre la voix du groupe, le maître fait le geste de couper un fil entre index et majeur ; tout le temps que le son est tenu, le maître fait le geste de tirer un fil devant lui de gauche à droite. La gestuelle aide les enfants à être dans une cohérence de groupe, à mieux mesurer ce qui se fait, à se concentrer ;
– le même jeu peut être organisé en faisant varier l'intensité du son émis ;
– travailler la hauteur de la voix en jouant à la sirène : il s'agit ici de faire monter le son puis de le faire redescendre.
L'enseignant accompagne le son d'un geste de gauche à droite ;

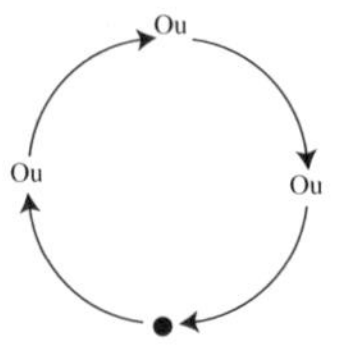

– monter l'escalier : il est question ici d'entraîner les enfants à monter les notes et à les redescendre en travaillant le souffle ; chacun doit respecter le rythme commun se référent à la gestuelle du maître qui appuie le changement de note.

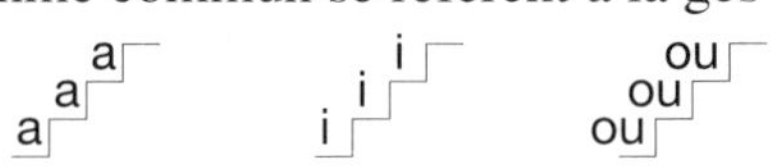

Le jeu de gamme pourra être complété par une comptine :

Do ré mi fa sol la si do
Gratte-moi la puce que j'ai dans l'dos
Si tu l'avais trouvée plus tôt
Elle ne s'rait pas montée si haut !

ÉVALUATION

• L'important est que les enfants prêtent une attention soutenue à ces productions sonores, qu'ils sachent les identifier ou les produire avec le plus de justesse possible dans une création sonore intentionnelle.
• L'attention et le plaisir manifestés par les enfants sont les garants de l'intérêt qu'ils portent à cette activité, et de son efficacité.

CHANTER GESTUALISER

« Comptine et jeu de doigts »

Dire et faire

OBJECTIFS

- Jouer avec ses doigts.
- Mémoriser une comptine.
- Parvenir à parler et agir simultanément (gestes et paroles).
- Pouvoir coder un texte.

NOMBRE D'ENFANTS

- Groupe classe.

DURÉE

- Plusieurs fois 15 minutes.

MATÉRIEL

- Une grande feuille, des feuilles blanches format A4.
- Des feutres de couleurs, des crayons à papier.

Stratégie

À travers la comptine, c'est un message complexe que l'enfant transmet aux autres, fait de plaisir, d'affectivité, de complicité et de convivialité. Ces comptines et jeux de doigts sont ressentis par les enfants comme autant de richesses d'un patrimoine commun, comme une sorte de complicité interne à la classe : « Si on disait l'histoire des doigts... »
L'enseignant propose des jeux de doigts adaptés à la tranche d'âge considérée. La comptine « Voici ma main » se prête bien à ce travail vocal avec des inflexions d'intonation, d'intensité de la voix.

1. Mémoriser et gestualiser la comptine

• Les enfants sont regroupés autour de l'enseignant au coin-langage : celui-ci doit être visible de tous afin de pouvoir conduire la séance dans des conditions correctes.
• Les enfants sont assis confortablement et rendus disponibles par une petite formulette « Clic, clac... on chante », rituel qui incite au voyage au pays du chant.
• L'enseignant connaît parfaitement la comptine, son rythme et la gestuelle qui s'y rattache : la comptine est donnée à entendre plusieurs fois et gestualisée.

Voici ma main
Elle a cinq doigts
En voici deux, en voici trois
Le premier, ce gros bonhomme,
C'est le pouce qu'il se nomme
L'index lui montre le chemin
C'est le second doigt de la main
Entre l'index et l'annulaire

Dire et faire

Le majeur se dresse en grand frère
L'annulaire porte l'anneau
Avec sa bague il fait le beau
Le minuscule auriculaire
Les suit partout comme un petit frère

• Un court temps est accordé pour rappeler ensemble le nom de chaque doigt.
• On s'entraîne à redire la comptine en s'appuyant sur la gestuelle pour mémoriser les paroles.
• Chaque doigt est montré à son tour et des mots comme « entre », « annulaire… » sont précisés.
• L'enseignant aide les enfants à maîtriser les gestes et les paroles.

2. Dessin et comptine

• L'enseignant a rassemblé autour d'une table 8 enfants.
• L'enseignant rafraîchit la mémoire des enfants en redisant la comptine : il demande comment représenter la comptine. Spontanément, les enfants proposent de dessiner des mains.
• Un entretien permet de faire émerger les stratégies les mieux adaptées au projet : faire le contour de sa main avec un crayon à papier tenu dans l'autre main ; bien écarter les doigts posés sur la feuille ; pouvoir recommencer le dessin si besoin est.

3. Codage de la comptine

• L'enseignant réunit à nouveau les enfants en grand groupe. La comptine est récitée et gestualisée.
• L'enseignant montre les dessins de mains réalisés par certains enfants ; tous les dessins sont alignés au tableau.
• Comment coder la comptine sur ces mains ? On propose de colorier les doigts en respectant l'ordre des phrases de la comptine et l'ordre des dessins sur le tableau.

Voici ma main
Elle a cinq doigts

En voici deux

En voici trois…

• Reprendre le récit de la comptine, non plus en l'associant à la gestuelle, mais à la succession des codages sur les mains.
• La comptine est récitée collectivement puis individuellement.
• L'enseignant porte une écoute attentive à l'articulation des mots, à l'intonation.

ÉVALUATION

• L'enseignant évaluera la rapidité de mémorisation de chaque enfant et sa capacité à employer les noms des doigts.
• Il sera attentif à l'implication de chaque enfant au moment de mémoriser la comptine : l'enfant est-il capable de s'exprimer devant le groupe sans inhibitions ?

M
É
M
O
R
I
S
E
R

U
N

C
H
A
N
T

« Apprendre un chant »

Chanter ensemble

OBJECTIFS

- **Mémoriser les paroles et la ligne mélodique d'un chant.**
- **Apprendre à interpréter des chansons simples avec expression et précision.**
- **Maîtriser son émotivité et participer à une œuvre collective.**
- **Maîtriser sa voix dans son intensité, sa hauteur, sa justesse.**

NOMBRE D'ENFANTS

- **Groupe classe.**

DURÉE

- **Plusieurs fois 15 minutes.**

MATÉRIEL

- **Un espace de la classe qui soit dégagé, ou la salle de jeu.**

Stratégie

Les temps de chant sont des moments privilégiés de partage d'une émotion. Il faut donc créer un climat favorable à ce type d'activité. L'enseignant peut choisir de faire écouter aux enfants une chanson enregistrée. Toutefois, rien ne remplace la voix du maître, si mal posée soit-elle.

1. Échauffer l'instrument : la voix

• Pour ce faire, tous les élèves sont assis en demi-cercle autour du maître.
• Chaque séance de chant doit être précédée de ces jeux de mise en voix qui permettent aux cordes vocales de s'assouplir et au souffle de s'ajuster. Il faut développer la souplesse vocale, chauffer la voix :
– jouer à l'écho : l'enseignant demande aux enfants d'écouter le son qu'il va émettre, ensuite de le restituer collectivement puis individuellement en respectant sa hauteur, son intensité et sa durée : « uuuuuu », « ouououou » ;
– jouer à la sirène : l'enseignant entonne un son et demande aux enfants de le continuer crescendo puis decrescendo ; pour les aider, il fait le geste d'ouvrir une boîte, de laisser s'envoler ses doigts, puis de les enfermer à nouveau dans la boîte (mains jointes, l'une sur l'autre).
• L'enseignant fait en sorte de capter toutes les attentions.

2. Apprendre un chant

C'est Gugusse avec son violon
Qui fait danser les filles (bis)
C'est Gugusse avec son violon
Qui fait danser les filles
Et les garçons.

Mon papa ne veut pas
Que je danse (bis)
Mon papa ne veut pas
Que je danse la polka
Il dira ce qu'il voudra
Moi je danse (bis)
Il dira ce qu'il voudra
Moi je danse la polka
Du roi

• La chanson est chantée de façon expressive par l'enseignant, qui maîtrise parfaitement le texte et la mélodie. Soigner dès le début la justesse : une phrase, un mot, une note mal appris sont difficiles ensuite à corriger.
• L'enseignant présente le chant aux enfants deux ou trois fois.
• Prendre le temps d'un bref entretien pour donner le sens général du texte, son ambiance, son ton : gai, entraînant, taquin. Définir aussi quelques mots : *Gugusse, un violon, la polka.*
• Guider les enfants dans une première approche du chant : placer la note d'attaque, rester dans la tessiture des enfants.
• Entraîner les enfants d'un geste de la main et par le positionnement corporel : le corps se projette légèrement en avant pour entraîner les enfants dans le chant.
• La première phrase du texte est portée par la mélodie, elle est reprise, réajustée à l'oreille.

3. Mémoriser le chant
• Le chant, découpé phrase par phrase, est rendu de manière à sentir son rythme et sa mélodie : les enfants apprennent le chant par imitation.
• Le maître reprend le texte en enchaînant de manière à éviter un morcellement du chant qui nuirait à l'unité rythmique et à la compréhension du texte.
• Les mélodies ayant souvent quatre phrases, on reliera les deux premières puis les deux dernières et enfin on restituera l'intégralité du texte du chant.
• L'utilisation d'un magnétophone au moment de la mémorisation du chant permettra de juger des essais. L'écoute attentive de ce qui a été produit permettra de progresser dans l'apprentissage du chant.
• Enfin, le maître pourra rechercher avec les enfants comment enrichir ce chant :
– soit par l'intervention d'instruments réels ou fabriqués en classe ;
– soit par un accompagnement de bruits corporels : frappés de mains, de pieds, etc.

ÉVALUATION
• Les enfants sont-ils capables de se tenir à l'activité et d'y trouver du plaisir ?
• Peuvent-ils canaliser leur attention pour produire des sons justes ?
• Mémorisent-ils aisément le chant ?

UTILISER DES INSTRUMENTS

« Fabriquer des instruments »

Accompagner un chant

OBJECTIFS

- **Faire preuve d'inventivité et d'acuité auditive.**
- **Affiner l'objet créé, le réajuster.**
- **Faire preuve d'esprit critique dans la recherche des sons.**

NOMBRE D'ENFANTS

- **Alternance de petits groupes et du groupe classe.**

DURÉE

- **Plusieurs fois 20 minutes.**

MATÉRIEL

- **Du papier Kraft, de la colle à papier.**
- **Des boîtes en carton, des pots de yaourt vides, des cuillères en plastique, des baguettes en bois.**
- **Des rouleaux vides de Sopalin.**
- **Des épingles à tête.**
- **Des graines de maïs, de blé, du riz, des petits coquillages, du sable…**
- **Des capsules de bouteilles de bière en fer, du fil de fer.**
- **Des manches à balais.**
- **Une plaque en bois 30 x 20 cm, des crochets fermés.**
- **Des cordes de guitare usagées.**

Stratégie

Dans le souci d'accompagner des chants, on décide de créer en classe des instruments de musique. Dans un premier temps, enseignant et enfants établissent le classement des instruments selon l'action que l'on exerce sur ceux-ci : *secouer, gratter, pincer, souffler…*

Puis on liste les instruments traditionnels que l'on connaît pour les avoir manipulés : *tambourin, marracas, castagnettes, claves* ; on les montre en classe. Enfin, on choisit les instruments que l'on souhaite réaliser, on recherche le matériel nécessaire.

1. Fabriquer chaque instrument

• Chaque instrument sera réalisé en quatre exemplaires au cours d'ateliers qui se dérouleront sur plusieurs semaines : les enfants s'y relaieront pour confectionner les instruments.

Fabriquer des tambourins

• Coller du papier Kraft sur des boîtes en carton de 25 x 25 cm avec de la colle à papier peint.

• Frapper doucement sur la membrane avec des cuillères en plastique ou une baguette en bois dont le bout a été arrondi ou enveloppé dans du scotch.

Accompagner un chant

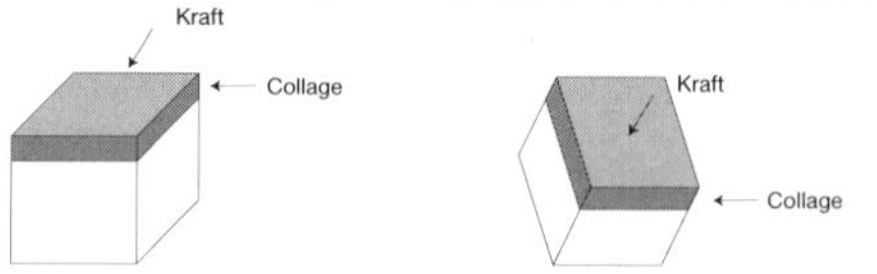

• L'enseignant aide les enfants à percevoir la différence de son émis lorsqu'on frappe le tambourin en son centre ou à sa périphérie : adapter le geste à l'action voulue.

Fabriquer un bâton de pluie

• Fermer une des extrémités d'un rouleau de Sopalin avec du papier Kraft. Enfoncer des épingles à tête en de très nombreux endroits du rouleau. Le garnir avec une poignée de pois chiches, de lentilles, de haricots… On garnira chacun des bâtons avec des graines différentes.

• Fermer l'autre extrémité avec du papier Kraft. Agiter doucement en faisant basculer le rouleau.

• Écouter attentivement le son produit par chaque bâton faire un classement des bruits perçus selon le contenu… Utiliser l'un ou l'autre des bâtons selon la musique que l'on veut faire.

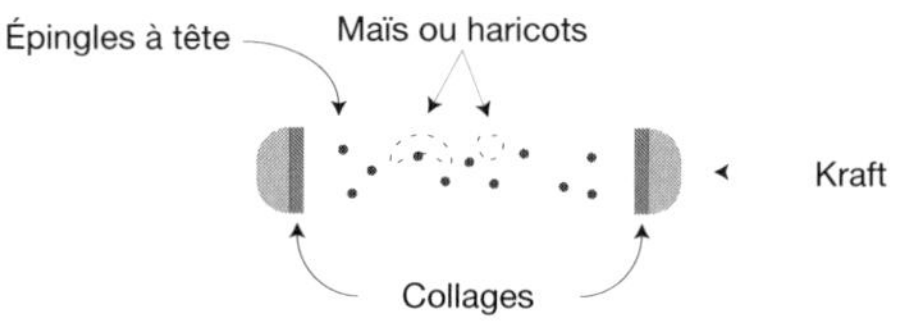

Fabriquer des maracas

• Se procurer des lentilles, du sable, des petits coquillages, des grains de riz, de maïs ou de blé. Placer une poignée de graines d'une variété dans un pot de yaourt vide. Fermer ce pot avec un autre pot de yaourt vide : utiliser de la colle forte. Coller une bande de scotch de couleur à la jointure des pots. Ceux-ci produiront des bruits variés lorsqu'on les agitera.

Fabriquer des sonnailles

• Rassembler un grand nombre de capsules de bière. Les percer en leur centre. Les enfiler sur un fil de fer tête contre tête, deux à deux. Fermer le fil de fer en anneau.

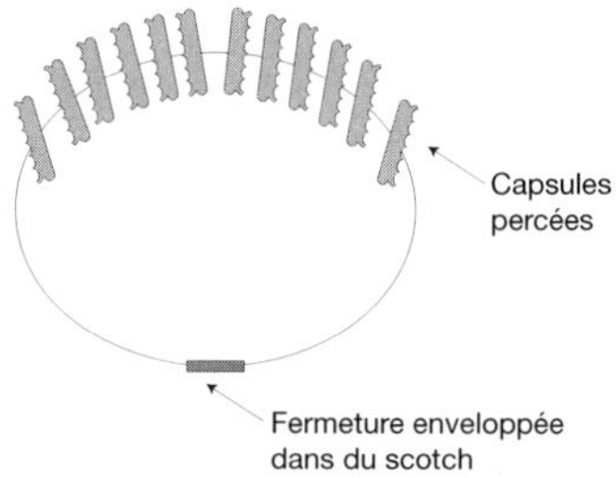

Fabrication de claves

• Ceux-ci seront réalisés dans des manches à balais en bois.

Fabrication d'instruments à corde

• Récupérer des cordes de guitares usagées auprès des familles ou des magasins de musique. Sur une planche en bois, placer des anneaux fermés sur deux côtés opposés. Tendre les cordes en respectant leur épaisseur.

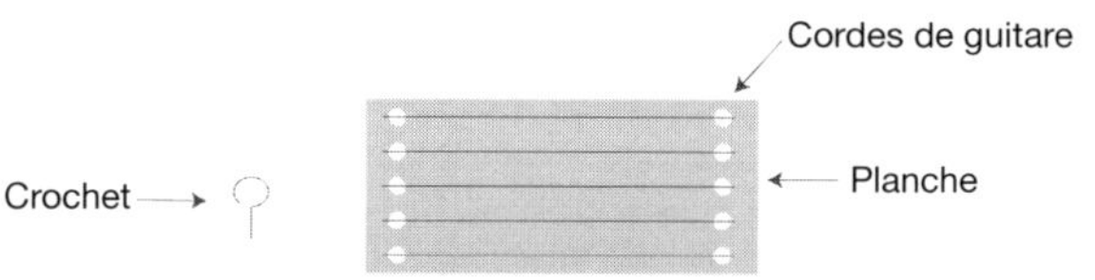

• Faire bruire les cordes en les pinçant ou en les grattant. Comparer les sons émis suivant l'action engagée : bruits isolés ou en « coulée ».

2. Accompagner un chant

• On se propose d'accompagner un chant déjà connu avec certains instruments.

• L'enseignant donne pour consigne de remplacer un mot du chant par un frappé d'instrument.

• Certains enfants se chargent de la partie chant, les autres des instruments ; ensuite, on inverse les rôles.

ÉVALUATION

• L'enseignant évalue la façon dont chacun s'intègre dans le projet de réalisation des instruments.

• Il apprécie la coordination geste-voix des enfants et la manière dont ceux-ci parviennent à accompagner le chant.

« Organiser un paysage monochrome »

De la trace à la mise en perspective

OBJECTIFS

- **Pouvoir dépasser la satisfaction motrice première pour aller vers une trace intentionnelle.**
- **Savoir revenir sur les actions engagées et les expliquer oralement.**
- **Utiliser un vocabulaire précis : verbes d'action en particulier.**
- **Participer à une action collective.**

NOMBRE D'ENFANTS

- **Groupe de 6 enfants.**

DURÉE

- **Plusieurs fois 20 minutes.**

MATÉRIEL

- **De la peinture jaune semi épaisse.**
- **Des feuilles de papier blanc format A4.**
- **Une grande feuille cartonnée de 1 m x 1 m.**
- **Des gros pinceaux ronds et plats, des rouleaux, des éponges, des bouchons.**
- **De la colle blanche.**
- **Des feuilles de papier journal.**

Stratégie

L'enseignant souhaite travailler plus particulièrement une couleur avec les enfants : le choix s'arrête sur le jaune qui possède des tons plus ou moins chauds.

Il projette avec les enfants la réalisation d'un grand panneau collectif, destiné à décorer la salle de jeu.

1. Traces de peinture jaune

• Un groupe de 6 enfants est rassemblé à une table pour faire de la peinture avec l'enseignant. Ils ont revêtu des tabliers de protection. Les autres enfants ont été ventilés sur des ateliers de découpage-collage, jeux de perles, jeux mathématiques, coin-bibliothèque, graphisme…

• La table étant protégée par des journaux, chaque enfant dispose de feuilles blanches de format A4 et de peinture jaune semi-liquide, déposée dans des coupes en plastique.

• L'enseignant donne pour consigne aux enfants de laisser une trace sur le support en employant la peinture jaune et un outil de son choix. Si l'enfant change d'outil, il doit changer de feuille.

• Les enfants peuvent utiliser des gros pinceaux ronds et plats, des rouleaux, des éponges, des bouchons, etc. Chacun s'affaire et exploite les outils mis à sa disposition.

De la trace à la mise en perspective

• Le maître observe la façon dont les enfants procèdent et comment peu à peu les gestes deviennent intentionnels et producteurs de traces.
• L'enseignant aide les enfants à prendre conscience que la trace est une mémoire des gestes, en verbalisant les actions en cours.

2. Réfléchir à ses actions
• Chaque production au sein du groupe est observée. Les enfants sont amenés à reconnaître leur production : ils portent un regard nouveau sur ce qu'ils ont fait ; ils racontent avec quels outils ils ont réalisé leur peinture, quels gestes précis ils ont engagés : retour et confrontation entre le « voir » et le « faire ».
• La liberté créatrice de l'enfant a été préservée : la consigne de l'adulte permet la création sans l'entraver. Les productions sont toutes originales et authentiques.
• Il ne reste plus qu'à les mettre en valeur par une mise en perspective collective.

3. Créer un panneau collectif en volume
• L'enseignant propose au groupe de placer les différentes productions sur un grand support.
• Les enfants reçoivent pour consigne de ne pas poser les productions en à-plat mais en volume. Comment faire ?
• Une recherche préalable est faite avec des feuilles de papier journal : les enfants s'entraînent à faire prendre du volume au papier journal : ils le plient, le froissent, le roulent, en font des boules, et rassemblent le tout.
• Un bref échange au sein du groupe permet de voir que cela fait effectivement « gonfler » le papier.
• L'enseignant aide les enfants à nommer les différentes actions exercées sur le papier : *plier, froisser, défroisser, rouler, mettre en boule, déchirer.*
• Chacun choisit l'action qu'il souhaite exercer sur sa feuille de peinture et s'exécute.
• Les différentes feuilles sont ensuite disposées sur la grande feuille cartonnée, posée sur la table de peinture.
• On discute l'agencement, on le remanie, on déplace les productions pour donner plus de volume, on cherche d'autres trouvailles… L'œil précède le geste.
• Lorsque tous les enfants du groupe sont d'accord sur l'aspect définitif de leur création, chaque feuille pliée ou chiffonnée est collée sur le support.
• Conformément au projet de départ, la production finale sera affichée en salle de jeu.

ÉVALUATION
• Les enfants ont-ils été capables de conduire leur projet esthétique à son terme ?
• Ont-ils su mettre en mots les différentes actions engagées ?

« Dessiner un visage »

Varier les outils

OBJECTIFS

- **Identifier des visages et leurs expressions.**
- **Acquérir un vocabulaire spécifique, en particulier des substantifs et adjectifs propres à la physionomie.**
- **Utiliser des outils à bon escient.**

NOMBRE D'ENFANTS

- **En atelier de 8 enfants.**

DURÉE

- **Plusieurs fois 30 minutes.**

MATÉRIEL

- **Des revues de mode, des catalogues.**
- **Des ciseaux.**
- **De la colle.**
- **Une feuille cartonnée de couleur de 50 x 60 cm.**
- **Des feuilles de papier Canson blanc de 30 x 40 cm.**
- **Des fusains, des sanguines, des crayons à papier 8B, des feutres noirs à pointes grosses et/ou minces.**
- **Papier blanc ordinaire.**
- **Du papier Canson noir grand format.**

Stratégie

La classe a beaucoup travaillé le schéma corporel et les expressions du visage en expression corporelle.

Un jeu d'expression a été conduit par des groupes d'enfants devant des glaces : jouer à rire, pleurer, grogner… Chacun a mieux pris conscience de la nature de ses cheveux frisés, raides, courts ou longs, de la forme de son nez, de ses yeux.

On s'attarde aussi à décrire ce qui spécifie son voisin : on organise des jeux de portraits en groupe classe.

L'enseignant se propose de faire dessiner des visages par les enfants.

1. Observer des visages

- Un groupe de 8 enfants est rassemblé autour de la table de découpage-collage.
- L'enseignant met à la disposition des enfants de nombreuses revues où les mannequins hommes, femmes et enfants sont photographiés.
- Les enfants reçoivent pour consigne de découper des visages et de créer un panneau collectif avec ces collages, sur un support de format 50 x 60 cm.

Varier les outils

• Chacun s'affaire : les découpages sont collés en juxtaposition, en jointure, en faisant en sorte qu'aucun espace ne reste vierge.
• La réalisation finale est soumise à l'appréciation du groupe classe : les enfants qui ont collaboré au collage expliquent comment ils ont procédé, quels choix ils ont faits.
• L'enseignant rappelle la consigne de départ : a-t-elle été respectée ?

2. S'approprier les outils et les supports
• Les enfants reçoivent pour consigne de dessiner un visage en utilisant un ou plusieurs des outils scripteurs mis à leur disposition : fusains, bâtons de sanguine, crayons à papier très gras, feutres noirs ; du papier blanc ordinaire et du papier Canson sont mis à leur disposition.
• Chacun expérimente les outils mis sur la table.
• Un entretien permet de faire émerger des remarques : au-delà de la satisfaction motrice, les enfants engagent une gestuelle et produisent des traces qu'ils sont capables d'expliquer, de verbaliser, d'affiner.
• Les actions de tracer, frotter, colorier sont proposées.
• On évalue l'action produite à travers les traces laissées, on oriente son regard, on explore les possibles, on en fait l'inventaire au niveau du groupe.
• On se constitue ainsi une palette de gestes et d'outils référents par leur technique propre.

3. Dessiner des visages
• Les enfants ont maintenant une meilleure maîtrise des outils mis à leur disposition.
• L'enseignant leur redonne pour consigne de dessiner un visage expressif : gai, triste, etc.
• Les enfants produisent les figures attendues. La consigne, assez ouverte, permet à chacun d'exprimer sa sensibilité, sa créativité.
• L'enseignant a veillé à ne pas induire de modèle : les productions sont riches, originales, différentes dans la gestuelle engagée et expressives.
• Les différents outils scripteurs ont été utilisés soit pour organiser des tracés, soit pour remplir les espaces délimités, par des coloriages légers et des frottés.
• Toutes les productions sont montrées, observées, appréciées.
• L'enseignant les mettra en valeur par un filet noir tracé en double encadrement.
• Chaque production sera ensuite collée sur un grand fond de Canson noir et affichée avec soin.

ÉVALUATION
• Les enfants ont-ils trouvé du plaisir à la gestuelle et à l'observation de leur trace ?
• Ont-ils été capables de relier les effets produits à l'outil scripteur utilisé ?

GRAPHISMES COLLAGES

« Dessins – collages en noir et blanc »

Réseau de lignes et découpages

OBJECTIFS

- **Affiner le regard esthétique des enfants.**
- **Porter un regard critique sur une production.**
- **Savoir la faire évoluer.**

NOMBRE D'ENFANTS

- **Groupe classe pour l'observation des reproductions.**
- **Groupe de 8 enfants pour réaliser le panneau.**

DURÉE

- **Plusieurs fois 30 minutes.**

MATÉRIEL

- **Reproductions de dessins de Jean Dubuffet :** ***Paysages aux personnages,*** **1980-1981.**
- **Une grande bande de papier blanc de 50 cm x 1,5 m.**
- **Des feutres noirs Onyx Marker, des Coton-tige et de l'encre noire.**
- **Des feuilles blanches format A3.**
- **Des ciseaux.**
- **De la colle.**

Stratégie

Des reproductions de dessins de Jean Dubuffet sont données à voir aux enfants. L'enseignant souhaite amener les enfants à des productions graphiques en noir et blanc.

1. Laisser vagabonder son esprit

- Les œuvres sont affichées au coin-langage et tous les enfants ont loisir de les contempler.
- L'enseignant leur laisse un temps de libre observation et de libre expression.
- Laisser les enfants aller vers ce qui les absorbe et les fascine : les petits personnages incrustés dans la feuille, l'enchevêtrement des lignes, la multiplicité des graphismes, le blanc et le noir, etc.
- L'enseignant a conscience à ce moment-là que les enfants sont en mobilisation constructrice, vers la construction d'un regard esthétisant.
- Il les incite à verbaliser ce qu'ils pensent des œuvres, de la façon dont elles sont faites.

2. Apprendre à voir

- L'enseignant met l'accent sur l'apparence des œuvres de Jean Dubuffet ; il permet aux enfants de dire ce qu'ils voient : des lignes, des personnages, des couleurs.

Réseau de lignes et découpages

• On s'interroge ensemble sur la facture des œuvres, sur les savoir-faire employés et que l'on va essayer soi-même de mettre en œuvre.
• Les enfants, avec l'aide du maître, dressent la liste du matériel nécessaire à la fabrication de dessins de la même sorte : papier blanc de grand format, encre noire, outils scripteurs.

3. Réaliser des dessins
• On fait le projet de réaliser un grand panneau collectif pour le couloir.
• L'enseignant regroupe, autour d'un panneau incliné, 8 enfants.
• Il dispose sur le panneau une longue bande de papier de 50 cm x 1,5 m.
• Les enfants ont à leur disposition de gros feutres noirs Onyx Marker, de l'encre noire et des Coton-tige, des feutres noirs.
• L'enseignant donne clairement et précisément la consigne de travail : « Dessiner des personnages, puis tracer des lignes ouvertes ou fermées que l'on enrichira de graphismes : traits, hachures, points. Ne travailler qu'avec de l'encre noire. »
• Chacun s'active, crée et participe à l'œuvre commune.

4. Critique de la production
• Les enfants reviennent sur leur production avec un temps de décalage : ils portent sur ce qu'ils ont fait un regard plus distancié.
• Ils apprécient ce qui est harmonieux à l'œil, ce qui est à compléter, à finir.
• Certains enfants proposent de dessiner des personnages sur des feuilles de papier blanc avec des feutres ou des Coton-tige et de l'encre noire, puis de les découper et de les coller sur le panneau. Cette proposition reçoit l'aval du groupe.
• Les collages achevés, tous apprécient la réalisation collective.
• L'enseignant reprend les reproductions de Jean Dubuffet. Il a apporté un ouvrage qui traite de ce peintre.
• Il lit aux enfants la façon dont le peintre a procédé pour réaliser ces dessins : « Lignes et graphismes de fond sur un support dont la longueur est le double de la largeur, puis collage en superposition d'un ou plusieurs personnages, dessinés sur papier blanc avec des feutres noirs, et découpés selon leur contour. »
• Les productions des enfants sont mises en valeur et affichées dans un lieu de passage.

Évaluation
• Les enfants ont-ils été sensibles aux reproductions de dessins proposées ?
• Sont-ils parvenus à repérer des éléments et techniques graphiques ?
• Ont-ils été capables de les reprendre à leur compte ?

JOUER UN JEU DE FICTION

« Conduire un jeu dramatique »

Jouer les déplacements dans la rue

OBJECTIFS
- **S'organiser pour mener le jeu à bien.**
- **S'exprimer par le corps, jouer à être.**
- **Choisir un rôle et s'y tenir, l'investir.**
- **Faire preuve de réflexion, d'esprit critique.**

NOMBRE D'ENFANTS
- **Groupe classe.**

DURÉE
- **Plusieurs fois 30 minutes.**

MATÉRIEL
- **Disques en carton : rouges, orange, verts.**
- **Une grosse craie blanche à tableau.**
- **Des anneaux, des cerceaux.**
- **Des poussettes, des vélos.**

Stratégie

Dans le cadre d'un travail sur l'éducation à la sécurité routière en classe, l'enseignant et les enfants décident de jouer ce sujet dans la cour.

1. Se donner des repères

• *Les différents rôles sont évoqués :* dans la rue, il y a des véhicules, des vélos, des personnes seules, des parents avec des enfants en poussette ou qui marchent près de leur maman, etc.

• Le maître note les différents rôles : chaque enfant s'attribue un rôle et dit de quels accessoires il a besoin.

• *Les accessoires sont prévus et rassemblés :* ils sont très simples afin de favoriser l'imaginaire et la symbolique : anneaux ou cerceaux pour faire le volant des véhicules, disques de couleurs vertes, rouges et orange pour les feux de signalisation.

• Seuls sont utilisés comme jouets, les vélos et les poussettes.

• *L'espace de la cour est investi* de manière à favoriser le jeu : à la craie, on trace les routes, on place les passages pour piétons, les feux de signalisation.

• Ces feux de signalisation sont gérés par des enfants en groupes de deux pour faciliter la manipulation des disques de couleurs.

Jouer les déplacements dans la rue

2. On joue le jeu

• La vie de la rue est rapidement évoquée lors d'un entretien : on convient que les voitures et les vélos circulent sur la route et qu'ils s'arrêtent à un feu selon sa couleur. Les piétons traversent la rue en regardant les feux.

• Les enfants qui jouent le rôle des feux savent que ce sont eux qui permettent aux autres enfants d'alterner leur jeu.

• Comme les différents acteurs interviennent successivement, on peut faire jouer la classe entière, ce qui est rare dans le cadre des jeux dramatiques. En effet, il est souvent difficile de faire jouer plus de 6 à 8 acteurs.

• Quand le jeu commence, l'enseignant, placé en retrait, observe la façon dont chacun remplit son rôle, tient compte de ses camarades, coopère.

• Tout est permis, il suffit que les règles soient claires pour les enfants : dans le cadre du jeu qui est organisé ici et qui touche à la sécurité corporelle, un entretien permet d'échanger sur des comportements observés.

3. Réfléchir à ce que l'on fait

• Il ne s'agit pas ici de porter un jugement sur la façon dont un enfant a effectué un déplacement ou sur sa manière de jouer un rôle : peu importe qu'un enfant ait lâché la main de sa maman pour traverser la rue ou qu'un véhicule n'ait pas respecté les feux.

• Le jeu joué est repris et verbalisé : chacun porte un regard critique sur ce qu'une action peut engendrer ; le petit enfant lâche la main de sa mère et court dans la rue : un autre enfant dont le rôle est d'être un conducteur peut être amené à freiner brusquement ou à entrer en collision avec l'enfant…

• Le jeu dramatique est joué plusieurs fois : il est bon que l'enfant puisse investir un rôle trois à quatre fois.

• Les enfants ont le choix entre garder le même rôle ou en changer : il n'appartient pas à l'adulte d'en décider.

• Des variantes sont introduites dans le jeu au cours des séances : on accepte ces changements et ces adaptations inévitables et même souhaitables de la part des enfants.

• Le jeu est joué plusieurs fois, au cours de séances successives, selon le désir des enfants.

• Lorsqu'il est bien au point, que les enfants y ont participé à travers un ou deux rôles, il faut savoir l'arrêter.

ÉVALUATION

Il s'agit moins ici d'une évaluation au sens strict que d'une observation.

• Les enfants savent-ils jouer un rôle et s'y tenir ?

• Savent-ils adapter leur comportement à celui des autres acteurs ?

• Parviennent-ils à se servir des deux langages : gestuel et verbal ?

Des instruments pour apprendre

Des instruments pour apprendre

Exemples de situations pédagogiques

SITUATION	OBJECTIFS PLURIDISCIPLINAIRES
Groupe restreint – Tris et classements d'objets divers selon une consigne ou en jeu libre : tris de vêtements, de chaussures, de matériel scolaire, de jeux…	– Établir des critères de tris, de classements de plus en plus fins en dépassant le regard affectif ou fonctionnel porté à un objet pour aller vers un regard analytique. – Reconnaître et nommer les propriétés des objets.
Grand groupe – Jeu de Kim au tableau : retrouver un objet manquant dans un ensemble donné. Observer et analyser les pièces restantes pour y parvenir.	– Attention visuelle sollicitée ; mémoriser l'« image » de la mise en espace des pièces, leur nombre, leurs caractéristiques.
Groupe restreint – Ranger 3 à 5 objets par taille croissante ou décroissante.	– Réaliser une suite ordonnée à partir d'un ensemble d'objets. – Notion d'ordre total.
Grand groupe – Organiser des relations terme à terme lors de collations, de distribution de matériel.	– Percevoir, rechercher, utiliser les relations pouvant être établies entre deux collations. – Aborder les notions *plus que…*, *moins que…*, *autant que…*
Grand groupe – Travailler le tableau à double entrée dans le cadre de la gestion de la classe : • tableau de responsabilités ; • tableau de passage aux ateliers.	– Faire une lecture fonctionnelle de ce tableau. – Apprendre à le compléter.

Exemples de situations pédagogiques

SITUATION	OBJECTIFS PLURIDISCIPLINAIRES
Groupe restreint – Lire les nombres sur des supports divers : calendriers, horloges, cadran de téléphone, numéros de rue…	– Découvrir les nombres et les chiffres qui s'y rattachent. – Les lire, les écrire, les reconnaître au moins jusqu'à 6.
Grand groupe – Jeux moteurs, se repérer dans l'espace. – Transposer sur des maquettes.	– Distinguer espaces ouverts et espaces fermés, lignes ouvertes, lignes fermées. – Accéder à la représentation symbolique sous forme de maquette.
Grand groupe – Effectuer des trajets dans l'environnement proche : dans l'école, autour de l'école. – Prendre des repères, les organiser.	– Rechercher différents cheminements pour parvenir en un même lieu. – Coder et décoder un cheminement.
Grand groupe – Utiliser un sablier, mesure fixe de temps, pour un jeu moteur ou un atelier.	– Agir dans un temps limité. – Prendre conscience du temps qui passe et de la simultanéité de deux actions : les enfants de chaque équipe courent en même temps (jeu moteur) ou coopèrent pour une réalisation manuelle.
Groupe restreint – Jouer à la marchande ; effectuer des pesées avec une balance Roberval : réaliser des équilibres de plateaux avec diverses matières (boîtes, graines…). – Comparer le poids de différents objets.	– Réaliser des équilibres ou des déséquilibres. – Acquérir les notions de *plus lourd que, moins lourd que, aussi lourd que*.
Groupe restreint – Effectuer un bricolage : réaliser les rubans d'un chapeau en utilisant une mesure étalon (mesurer des rubans de la même longueur qu'une baguette en bois).	– Prendre conscience de la valeur des mots : « de la même longueur que ». – Acquérir le sens de la précision dans la coupe avec un étalon.

RELATIONS LOGIQUES

« Alterner formes, couleurs, tailles »

L'algorithme

OBJECTIFS

- **Prendre des repères sur une feuille de papier A4.**
- **Occuper un espace avec des formes, de manière équilibrée.**
- **Acquérir la notion « autour de ».**
- **Alterner deux formes, en reproduisant une suite finie visuelle.**

NOMBRE D'ENFANTS

- **Atelier de 8 enfants.**

DURÉE

- **Plusieurs fois 20 minutes.**

MATÉRIEL

- **Feuilles de papier A3 en couleurs.**
- **Feuilles de papier A4.**
- **Vieux timbres éducatifs de récupération, un tampon encreur.**
- **Des gommettes, des perles...**

Stratégie

Mardi gras, fête traditionnelle, approche. On a décidé de le fêter dans la classe, en organisant un goûter.

Comme on veut préparer ce goûter avec raffinement, on fait le projet de décorer les tables avec des sets de table : ils seront fabriqués avec des feuilles de papier A3 en couleurs, ornés de décorations ; mais lesquelles ?

1. Tester les timbres éducatifs (tampons)

• Un groupe de 8 enfants est rassemblé autour d'une table ronde. L'enseignant met à leur disposition de vieux timbres représentant des animaux, des fruits, des personnages…

• L'enseignant propose aux enfants de « voir » si ce matériel peut servir à décorer les sets de table qui sont à réaliser pour le goûter.

• Comme ce matériel est nouveau, il laisse un temps libre d'appropriation du maniement des timbres : pour cela, il met à la disposition des enfants des feuilles de papier A4.

• Il observe la façon plus ou moins appuyée dont chaque enfant encre son timbre sur le tampon encreur, comment chacun choisit les timbres et répartit les impressions sur l'espace offert :

– certains recouvrent la surface de formes diverses enchevêtrées ou jointées… ;

– d'autres font le choix de répartir l'impression sur le bord de la feuille en liseré ;

– parmi ceux-là, certains ont commencé à organiser un semblant d'alternance…

L'algorithme

• Les productions une fois achevées sont observées attentivement et évaluées au sein du groupe : on constate que celles avec une décoration de bordure sont plus jolies.
• L'enseignant met en valeur les productions par ce qu'il dit ; il emploie les mots justes : impressions de timbres placées *au centre*, *autour* de la feuille…
• Il attire l'attention des enfants sur les réalisations où s'amorce un travail d'alternance.

2. Réaliser une alternance

• Avec le même groupe, l'enseignant donne cette fois pour consigne de choisir deux timbres et de n'utiliser que ceux-là pour décorer une feuille de format A3 qui deviendra le set de table.
• En fin d'activité, le maître reformule la consigne de départ et demande aux enfants si ce qu'ils ont fait correspond à ce qui a été demandé : les enfants sont obligés de faire un effort d'observation pour évaluer la production de leurs petits camarades, mais aussi la leur.
• L'enseignant verbalise avec les enfants l'alternance des formes en suivant l'algorithme du doigt : « un papillon, un crocodile, un papillon, un crocodile ».
• Les enfants sont invités à poursuivre… Ils prennent peu à peu conscience de cette notion d'alternance simple et pourront progressivement en réaliser de plus complexes.

3. Réaliser des alternances différentes

• Des alternances plus délicates pourront être réalisées avec du matériel varié tel que : perles, gommettes, formes géométriques…
– rythme à 2 formes – 1 couleur
– rythme à 2 formes – 2 couleurs
– rythme à 1 forme – 1 couleur – 2 tailles
– rythme à 3 formes – 1 couleur
• Les enfants pourront être amenés à poursuivre un algorithme commencé par un camarade ou par l'enseignant.

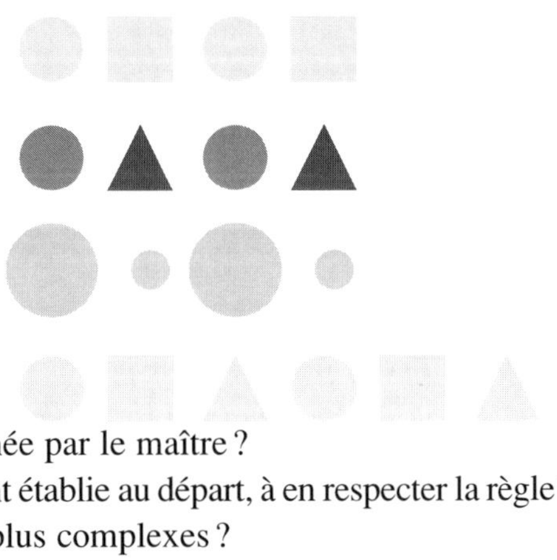

ÉVALUATION
• Les enfants ont-ils pris en compte la consigne donnée par le maître ?
• Sont-ils capables de continuer une alternance qu'ils ont établie au départ, à en respecter la règle ?
• Parviennent-ils à créer des algorithmes de plus en plus complexes ?

APPROCHE DU NOMBRE

« Mémoriser la comptine numérique »

Les premiers nombres

OBJECTIFS

- **Mémoriser les chiffres de 1 à 6, les lire.**
- **Savoir constituer de petites collections et les relier au chiffre qui y correspond.**
- **Amorcer une frise numérique.**

NOMBRE D'ENFANTS

- **Alternance groupe classe et groupes de 6 à 8 enfants.**

DURÉE

- **Plusieurs fois 20 minutes.**

MATÉRIEL

- **Une grande feuille de format 50 x 60 cm.**
- **Un gros feutre noir.**
- **Une bande de cartoline de 60 x 15 cm.**
- **Des ciseaux, de la colle.**
- **Des publicités alimentaires, des catalogues de jouets.**

Stratégie

Les enfants sont habitués à apprendre de nouvelles comptines. Cette fois, le maître propose d'apprendre une comptine sur les nombres :

1, 2, 3
Allons dans les bois
4, 5, 6
Cueillir des cerises
7, 8, 9
Dans un panier neuf
10, 11, 12
Il y en aura pour tous !

La comptine est dite plusieurs fois par l'adulte pour que les enfants commencent à la retenir.

1. Mémoriser la comptine

• Le groupe classe est rassemblé au coin-langage, face au tableau.
• La comptine est récitée de diverses manières, en changeant l'intonation et le rythme, afin que par répétition et imprégnation les enfants la mémorisent.
• L'enseignant écrit cette comptine sur une grande feuille de 50 cm x 60 cm, au tableau.

Les premiers nombres

• Quelques mots-clés de la comptine sont expliqués.
• On s'attarde à définir ce que représentent les nombres 1, 2, 3, 4, 5, 6... en organisant des petits jeux :
– comptage sur les doigts ;
– constitution de petites collections correspondant aux chiffres avec du matériel de classe : feutres, bouchons, feuilles... ;
– recherche des chiffres qui correspondent à une collection et repérage de ceux-ci sur l'affiche de la comptine ;
– lecture et mémorisation de la comptine numérique seule : 1, 2, 3, 4, 5, 6, 7... ;
– comptage d'objets à voix haute, en égrenant la comptine numérique.
• Progressivement, à travers les jeux conduits, la comptine est intériorisée.
• Elle sera reprise chaque jour pour des activités telles que l'appel, présents à l'école, présents à la cantine, à la garderie, absents...

2. Jouer avec les chiffres
• L'enseignant rassemble un groupe de 8 enfants. Les autres sont en ateliers autonomes.
• Les enfants ont à leur disposition des publicités alimentaires et des ciseaux.
• L'enseignant rappelle que l'on vient d'apprendre une comptine sur les nombres : il montre l'affiche où elle est écrite, fait relire les chiffres par les enfants.
• Il donne ensuite pour consigne de rechercher sur les publicités des chiffres écrits assez gros et précise aux enfants que ces chiffres, une fois découpés, vont servir à fabriquer un jeu.
• Les enfants reformulent la consigne puis se mettent en recherche.
• Tous les chiffres découpés sont rassemblés dans une boîte.

3. Fabriquer une frise numérique
• Un groupe de 6 enfants est constitué. L'enseignant place devant eux une bande de cartoline de 60 cm x 15 cm, divisée en 9 cases.
• Il fournit catalogues de jouets, ciseaux, colle et les chiffres découpés précédemment.
• Il propose aux enfants de replacer les chiffres dans l'ordre, dans les cases, et de constituer les collections qui s'y réfèrent.
• Les chiffres et les collections sont constitués jusqu'à 6, les autres chiffres seront vus plus tard.
• Pour s'aider, on peut chantonner la comptine sur les nombres que l'on a apprise.

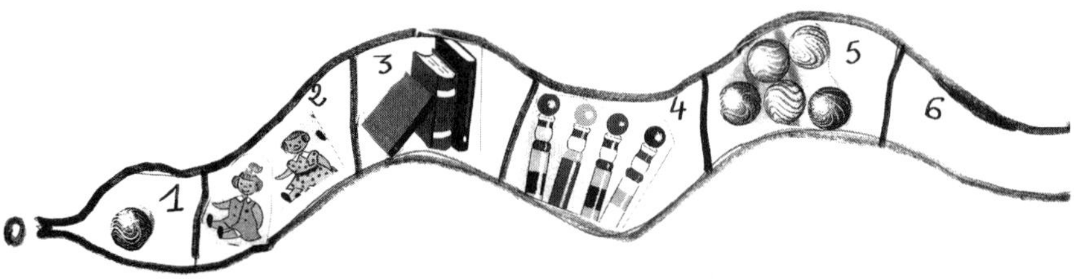

ÉVALUATION
• L'enseignant évaluera la rapidité avec laquelle les enfants ont mémorisé la comptine.
• Il sera attentif à la façon dont chacun percevra les chiffres, les collections qui s'y rattachent : l'enfant est-il capable de dire « deux », de montrer deux objets et le chiffre 2 ?

APPROCHE DU NOMBRE

« Activités autour du 3 »

Cardinal – ordinal d'un nombre

OBJECTIFS

- **Identifier le mot-nombre désignant une quantité : 3.**
- **Associer l'écriture chiffrée au mot-nombre.**
- **Percevoir une relation d'ordre : le troisième...**

NOMBRE D'ENFANTS

- **Alternance d'activités entre un groupe de 8 enfants et la classe.**

DURÉE

- **Plusieurs fois 15 minutes.**

MATÉRIEL

- **Conte *Les Trois Petits Cochons*, Nathan.**
- **Des feuilles de papier A3.**
- **Des feutres de couleurs.**
- **Des revues, des catalogues de matériel éducatif Nathan.**
- **Des ciseaux, de la colle.**
- **De la cartoline.**
- **Du gomme fix.**
- **Des gommettes.**
- **Escargots de bourgogne (à relâcher ensuite !).**

Stratégie

L'enseignant a lu aux enfants l'histoire des *Trois Petits Cochons*. Il a ensuite montré les images qui illustrent ce conte, dans le livre. Les enfants prennent appui sur les images pour compter les personnages et les éléments : 3 petits cochons, 3 maisons, 3 brouettes…

1. Dessiner l'histoire

• Un groupe de 8 enfants est constitué. Les autres enfants sont placés en ateliers autonomes : graphisme dirigé, jeux de manipulations, découpage-collage, modelage…

• L'enseignant demande aux enfants de rappeler brièvement l'histoire des *Trois Petits Cochons*.

• Il insiste sur les événements et les éléments qui mettent en évidence le nombre 3 : « Les petits cochons sont partis de chez leur mère avec trois brouettes, trois truelles, trois marteaux […]. Ils ont suivi trois chemins, ont construit trois maisons… »

• L'enseignant invite les enfants à dessiner l'histoire des petits cochons en reprenant les éléments cités et en les dessinant par trois fois.

• À la fin de l'activité de dessin, les enfants comparent leurs productions, recomptent les éléments dessinés et collent, en vis-à-vis de trois éléments regroupés, le chiffre 3 qu'ils ont préalablement découpé sur des revues.

Cardinal – ordinal d'un nombre

2. Constituer des collections de trois éléments

• Les mêmes enfants reçoivent pour consigne de rechercher dans des catalogues de matériel éducatif Nathan des photos qui représentent du petit matériel.

• L'enseignant leur demande d'abord de découper des groupes de trois éléments et d'essayer d'écrire le chiffre 3 à côté des collections constituées en se servant d'une étiquette modèle :

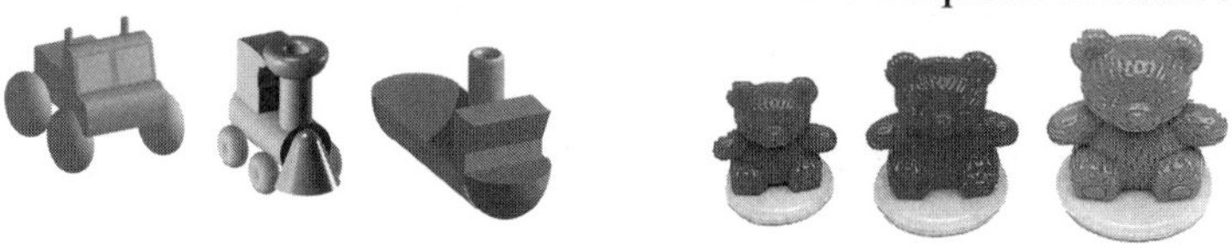

• Il demande ensuite de repérer des images du catalogue comportant des collections d'objets importantes, et de former des collections de trois éléments en entourant les groupements.

3. Percevoir une relation d'ordre

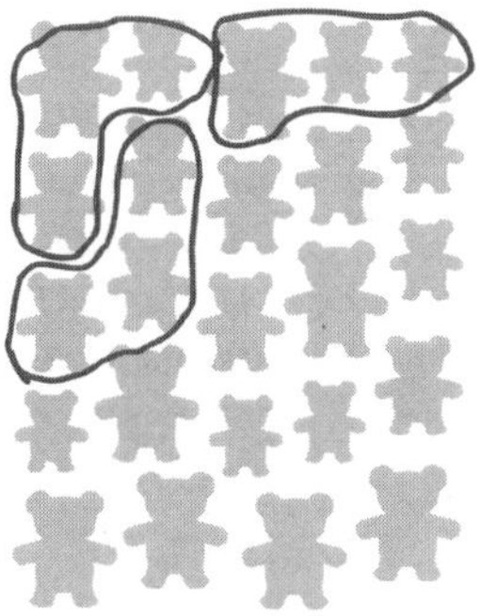

• L'enseignant a abordé cette notion en motricité.

• Il organise avec le groupe classe un jeu d'ascenseur :

– un grand immeuble a été découpé dans de la cartoline : on y voit la cage d'ascenseur et les étages ; un carré de carton de couleur, maintenu par du gomme fix représente cette cage d'ascenseur.

– on déplace la cage d'ascenseur d'un étage à l'autre en fonction d'une historiette : « Madame Dupuy rentre des courses : elle habite au deuxième étage. Rémi revient chez lui après l'école, il habite au troisième étage… » ;

– les enfants doivent réfléchir à la position à donner au carré de carton dans un sens vertical, dans une relation d'ordre.

• Un jeu peut être organisé dans le sens horizontal, en jouant à la course d'escargots : ceux-ci sont munis de pastilles de couleurs sur leur coquille ; la course s'organise et on regarde quel escargot est arrivé le premier, le deuxième, le troisième…

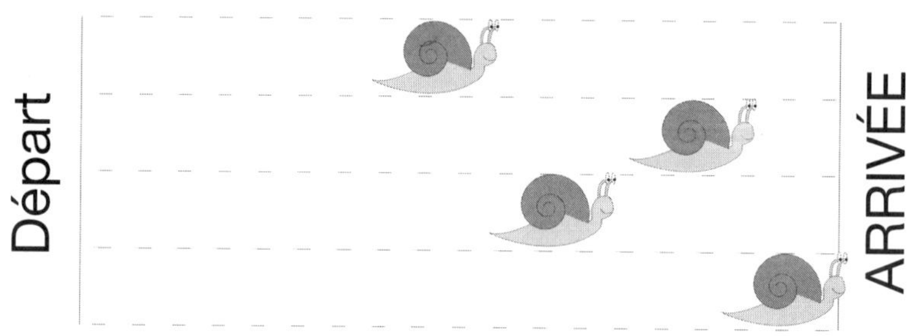

ÉVALUATION

• L'enseignant sera attentif aux repères que les enfants prennent par rapport aux collections de trois éléments : ont-ils mémorisé la relation mot-nombre qui désigne une quantité ?

• Peuvent-ils transférer leurs connaissances dans d'autres situations : comptage d'images, de doigts, d'objets rassemblés ou dispersés ?

APPROCHE DU NOMBRE

« Les nombres de 1 à 6 »

Apprendre à compter en jouant

OBJECTIFS
- Constituer des collections d'objets.
- Identifier le cardinal d'une collection.
- Parvenir à faire correspondre un nombre à une collection de 1 à 6 éléments.

NOMBRE D'ENFANTS
- Travail avec un groupe de 6 enfants.

DURÉE
- Plusieurs fois 20 minutes.

MATÉRIEL
- De gros dominos de format 10 x 20 cm découpés par l'ATSEM dans des carrés de cartoline de 10 x 10 cm.
- Des publicités alimentaires et des emballages de yaourts aux fruits.
- De la colle, des ciseaux.

Stratégie

Les enfants projettent avec le maître de créer des jeux pour jouer en classe.
On décide de fabriquer des jeux de dominos et de mémory avec des nombres et des éléments pris dans les catalogues.

1. Fabriquer un jeu de mémory

• Six enfants sont rassemblés à l'atelier pour fabriquer le jeu de mémory auquel ils ont déjà joué. Ils savent qu'il faut former des paires d'éléments.

• Ils racontent comment on y joue et vont chercher un jeu en boîte pour le regarder.

• L'enseignant met à la disposition du groupe des cartons de 10 cm x 10 cm, des publicités et des ciseaux.

• Il demande aux enfants de rechercher dans les catalogues des aliments qui figurent par nombre de 1, 2, 3…, puis de les découper.

• L'enseignant passe auprès de chacun, et donne le conseil de collage sur les carrés de carton quand une collection est découpée.

• Lorsque tous les éléments sont collés sur les cartons, l'enseignant fait aligner les carrés sur la table ; chaque enfant est chargé de dire combien il a collé d'éléments sur chaque carton : pour ce faire, il peut compter les éléments un à un en les désignant avec le doigt…

• L'enseignant distribue des cartons vierges et demande à chaque enfant de rechercher sur les publicités les nombres correspondant à chaque collection déjà réalisée : les nombres sont découpés dans les publicités et collés sur un carton.

• On peut ensuite organiser le jeu de mémory avec ces collections et ces nombres.

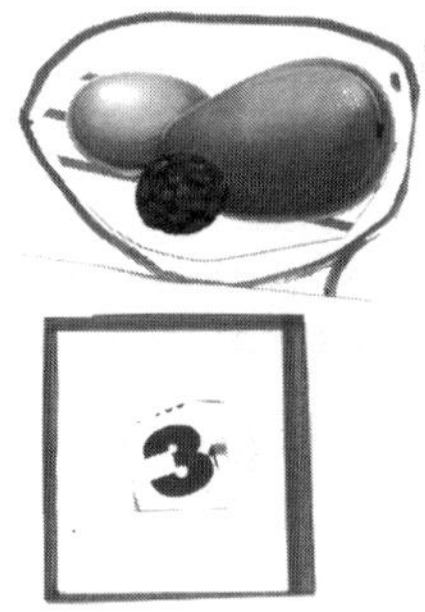

2. Construire un jeu de dominos

• Le jeu de dominos est constitué en ayant recours aux mêmes procédures que précédemment : repérage – découpage – collage des éléments en collections, puis recherche des nombres qui y correspondent.

• Les enfants, tout au long des activités, sont invités à :

– nommer les objets, dire leur nombre ;

– rechercher des nombres, les identifier et les nommer ;

– relier collections et nombres.

Variantes :

– Constituer des dominos « constellations-nombres ».

– Élaborer des dominos « mains-nombres » : pour ce faire, un jeu de doigts est organisé et photographié avec un appareil photo Polaroïd. Les photos seront utilisées pour construire le jeu.

<u>ÉVALUATION</u>

• Les enfants parviennent-ils à repérer des collections et à compter les objets qui les composent ?

• Se limitent-ils à des collections de 1, 2, 3 objets ou parviennent-ils à aller plus loin ?

• Sont-ils capables de relier un nombre à la collection correspondante ?

APPROCHE DU NOMBRE

« Jeux de dé »

Constellations et nombres

OBJECTIFS

- Percevoir le sens d'un jeu organisé avec un dé.
- Comprendre et respecter une règle de jeu simple.
- Savoir faire correspondre une constellation à un comptage sur les doigts.
- Identifier et nommer les constellations de 1 à 6.

NOMBRE D'ENFANTS

- Alternance du groupe classe et de groupes de 4 enfants.

DURÉE

- Plusieurs fois 20 minutes.

MATÉRIEL

- Un jeu de cubes en bois.
- Des gommettes rondes de 6 couleurs.
- Un album de coloriage au graphisme assez dépouillé.
- Des crayons de couleurs.
- Quatre puzzles de 6 pièces en cartoline, représentant un cochon : chaque pièce porte une constellation.
- Un dé.

Stratégie

Un enfant a apporté un album de coloriage en classe. L'album est feuilleté au coin-langage, en grand groupe ; l'enseignant montre les images, les enfants les décrivent. L'enseignant propose d'organiser un jeu de coloriage en atelier avec l'utilisation d'un dé de couleurs.

Comment fabriquer ce dé ? Les enfants cherchent dans la classe un objet pouvant être utilisé ; un cube du jeu de construction en bois est choisi.

Comment porter les couleurs sur ce dé ? Les enfants font remarquer que l'on peut peindre ses faces en différentes couleurs. L'enseignant se montre réticent car il souhaite attirer l'attention des enfants sur le respect du matériel scolaire… Il propose de marquer chaque face avec des gommettes rondes de couleurs différentes.

1. Organiser un jeu de dé

- Le jeu est organisé avec un groupe de 4 enfants sur le temps des ateliers.
- L'enseignant engage un court échange langagier pour que les enfants expriment ce qu'ils savent du jeu de dé : lancer du dé une fois, lecture et ordre d'exécution, chacun son tour…
- Il explique comment le jeu va se jouer :

– chaque enfant est muni d'un dessin de l'album de coloriage et de crayons de couleurs ;
– chacun lancera le dé à son tour et coloriera un espace de son dessin avec la couleur tirée.

Constellations et nombres

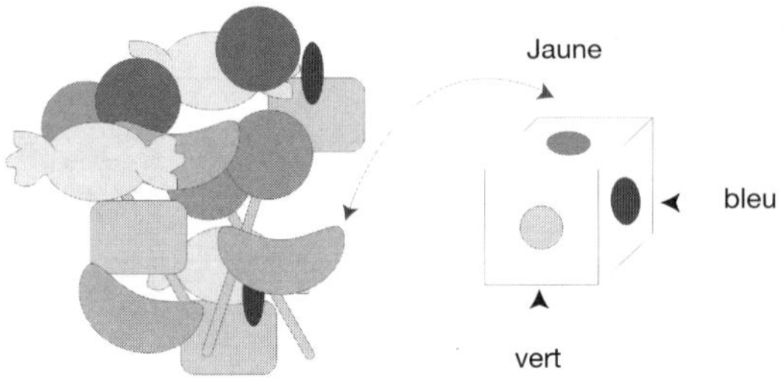

2. Identifier les constellations

• L'activité s'amorce par un jeu collectif au coin-langage. L'enseignant introduit un vrai dé, assez volumineux pour être vu de tous.

• Ce dé est observé, décrit : les enfants dénombrent le nombre de points noirs présents sur chaque face : 5 points → 5.

• L'enseignant engage alors le jeu collectif, en en donnant la règle : un enfant lance le dé sur le tapis du coin-langage, les autres montrent autant de doigts que ce que la face du dé indique en constellation ; la constellation est nommée.

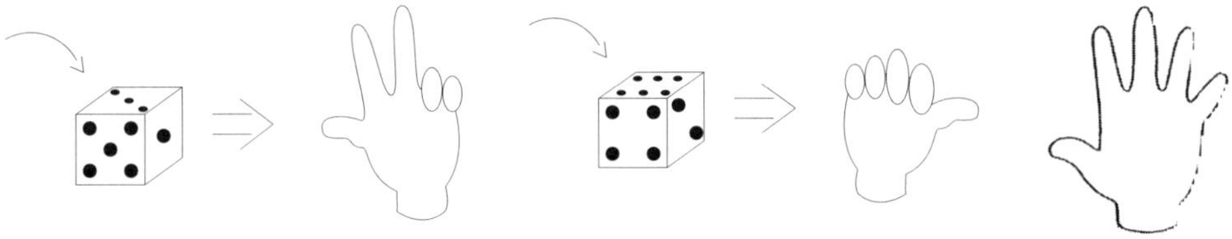

3. Jouer au jeu du cochon

• L'enseignant place tous les enfants en situation d'ateliers.

• Un groupe de 4 enfants est constitué pour jouer au jeu du cochon.

• L'enseignant donne à chacun les 6 pièces de son jeu de cochon ; il fournit au groupe un dé.

• L'enseignant donne la règle du jeu : « Jouer chacun son tour et essayer de reconstituer son cochon. On ne peut prendre une pièce du puzzle que si on tire la bonne constellation, sinon on passe son tour. »

• L'enseignant sait combien il est difficile pour un enfant de cet âge d'attendre son tour, de faire tourner le jeu et surtout de ne pas prendre systématiquement une pièce au hasard ; c'est pourquoi il reste avec le groupe et reformule souvent la règle du jeu.

• Il aide en outre chaque enfant à identifier correctement la constellation donnée par le dé.

• L'enfant qui a reconstitué son cochon le premier a gagné.

ÉVALUATION

• Les enfants sont-ils capables de comprendre comment un jeu se joue avec un dé et de respecter la règle du jeu ?

• Reconnaissent-ils rapidement les constellations ou sont-ils obligés de recourir au surcomptage ?

• Sont-ils capables de jouer à plusieurs sans conflits ?

RELATIONS SPATIALES

« Positions relatives des objets au corps »

De la photo à la maquette

OBJECTIFS

- Savoir observer et raconter une photo en la replaçant dans un contexte.
- S'exprimer et classer des photos en utilisant des termes de position relative dans l'espace.
- Représenter ces positions relatives par l'intermédiaire du dessin.
- Utiliser un codage simple.

NOMBRE D'ENFANTS

- Groupes de 6 à 8 enfants pour observer les photos.
- Groupe classe pour la représentation des actions sous forme de dessins.

DURÉE

- Plusieurs fois 30 minutes.

MATÉRIEL

- Un appareil photo, une pellicule.
- Des bandes de papier.
- Des feuilles de papier A4.
- Des feutres de couleurs.

Stratégie

Des jeux de grande motricité ont été organisés en salle de jeu. Les enfants ont pu utiliser des bancs, des tables et des chaises, ainsi que du petit matériel : cerceaux, corde... Un parcours avait préalablement été construit par l'enseignant en fonction des objectifs poursuivis. Il demande aux enfants de ramper, glisser, être en équilibre...

Durant la séance, l'enseignant a pris des photos des moments essentiels, en particulier des temps où l'on voit un enfant passer sous un banc, glisser entre deux cordes, passer à travers un cerceau.

• Il se propose de faire parler les enfants sur ces photos en employant des termes précis pour décrire les situations.

1. Regarder les photos et dire ce qu'on a fait

• Un groupe de 6 à 8 enfants est rassemblé à table autour du maître. Les autres sont répartis aux coins-jeux et à d'autres ateliers.

• L'enseignant dispose sur la table l'ensemble des photos et demande aux enfants de les regarder.

• Les premières expressions fusent : les enfants font des hypothèses sur le moment où ces photos ont été prises : « On dirait que c'est Damien, dans le gymnase, ... quand on jouait à ramper... »

De la photo à la maquette

• L'enseignant, après ce rapide déballage verbal, organise l'entretien :
– il précise que les photos ont effectivement été prises la semaine précédente en motricité, dans le gymnase ;
– il demande aux enfants de choisir chacun leur tour une photo et de raconter aux autres enfants du groupe de quelle situation il s'agit en étant le plus précis possible : il peut s'agir de la photo de l'enfant qui parle, mais aussi de la mise en situation d'un autre enfant.
• L'enseignant veille à ce que chacun formule des phrases correctes et utilise des mots comme : *par-dessus, en dessous, sous, entre, autour, à travers…*
• Lorsque l'explication d'un enfant n'est pas assez complète ou précise, il invite un autre enfant à reprendre. Parfois aussi il reformule lui-même pour plus de clarté et de précision.

2. Classer les photos
• L'enseignant commente, toujours avec le même groupe d'enfants, les photos déjà utilisées pour faire une synthèse des remarques : il insiste sur les mots *sur, sous, entre, à travers, autour,* et les écrit sur des bandes de papier.
• Un codage rapide peut être associé pour faciliter la reconnaissance des mots par les enfants.

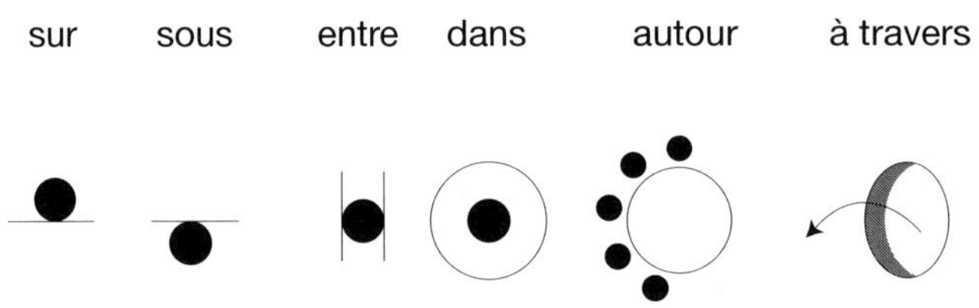

• Il incite les enfants à replacer chaque photo sous le mot qui précise une situation.
• Les enfants, au fur et à mesure du classement des photos, expliquent et argumentent leur mode de sélection : « Là, c'est Olivier qui glisse sur le banc. »

3. Dessiner ce que l'on a fait en motricité
• Une nouvelle séance de grande motricité a lieu. Il s'agit cette fois, pour chaque enfant de la classe, de dessiner ce qu'il a fait et de coder chaque dessin en se référant à ce qui a été travaillé auparavant : relation « mot-codage-photos ».
• L'enseignant passe parmi les enfants et demande à chacun de raconter ce qu'il dessine.
• Il porte sur chaque feuille le commentaire fait par l'enfant sur sa production : « J'ai marché sur les bancs, je suis passé entre deux tables, j'ai glissé sous les chaises, je suis passé à travers des cerceaux… »

Évaluation
• Les enfants sont-ils capables de se souvenir d'actions motrices faites quelques jours auparavant ?
• Peuvent-ils en parler en utilisant un vocabulaire adapté et en étant assez précis ?
• Ont-ils une notion claire du sens de certains mots et les emploient-ils à bon escient ?

À la découverte d'autres caractères

• L'activité s'engage : les enfants s'appliquent et tentent de produire un ensemble de gestes précis, volontaires et expressifs. Le dessin tend vers une représentation symbolique.

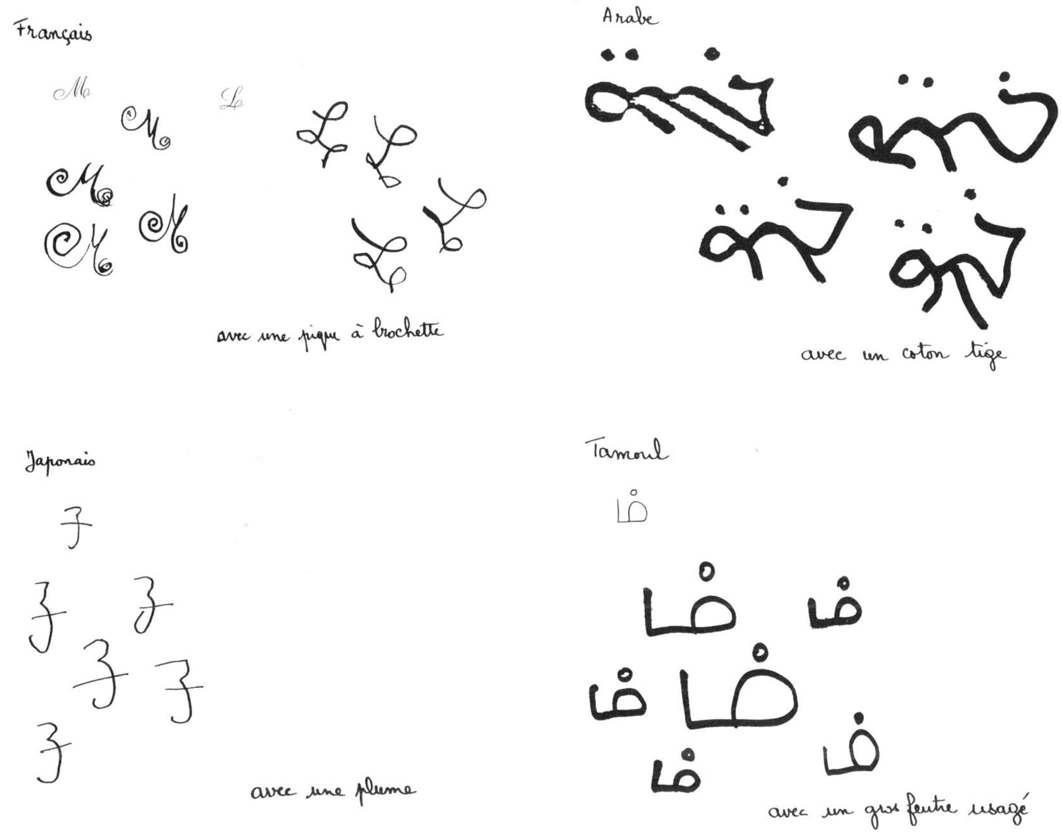

2. Évaluer les productions

• Un temps est accordé avec le groupe constitué pour juger des productions.

• Chaque enfant rappelle quel caractère d'écriture il a choisi et comment il l'a tracé : il indique les outils utilisés, les difficultés rencontrées.

• Le groupe porte un avis sur la conformité du tracé au caractère d'imprimerie choisi.

• L'enseignant fait une synthèse des remarques et formule quelques conseils pour la reprise de l'activité sur une autre séance.

ÉVALUATION

• L'activité a-t-elle été suffisamment intéressante pour mobiliser les enfants et obtenir d'eux soin et attention aux formes ?

• Les gestes de l'enfant deviennent-ils précis ?

Achevé d'imprimer par Corlet, Imprimeur, S.A. - 14110 Condé-sur-Noireau (France)
N° d'Éditeur : 10065115-(II)-(4,5)-CSB-G-100 - N° d'Imprimeur : 37127 - Dépôt légal : février 1999 - *Imprimé en U.E.*

« Reproduire des lettres d'imprimerie »

À la découverte d'autres caractères

OBJECTIFS

- Repérer des formes graphiques et tenter de leur donner un sens.
- Reproduire des tracés avec précision.
- Faire acte graphique intentionnel.
- Pouvoir juger sa production.

NOMBRE D'ENFANTS

- Groupe de 6 enfants.

DURÉE

- Plusieurs fois 20 minutes.

MATÉRIEL

- Affiche « Les caractères de l'Imprimerie nationale », P. Faucheux, APF, Imprimerie nationale.
- De l'encre de Chine noire et rouge.
- Des outils scripteurs variés : vieux feutres usagés, Coton-tige, piques à brochettes en bois, plumes d'oies, plumes sergent-major…
- Des feuilles de papier format A3.
- Des photocopies, parfois agrandies, de certains signes de l'affiche.
- 6 petites coupes en plastique.

Stratégie

L'enseignant présente aux enfants une affiche de l'Imprimerie nationale : « Les caractères de l'Imprimerie nationale ». Un entretien a eu lieu pour définir ce que l'affiche représente.
Chacun essaie de trouver à quelle culture chaque type d'écriture peut correspondre. Certains enfants d'origine étrangère y voient des signes familiers : écriture arabe…

1. Reproduire certains signes

• Des photocopies des différents signes sont disposées sur la table. L'enseignant précise la consigne : « Choisir un ou deux signes et essayer de les reproduire sur une grande feuille en choisissant son outil scripteur et son encre. »
• Chacun des 6 enfants a devant soi les signes qu'il a choisi de reproduire, une grande feuille format A3 et de l'encre de Chine dans une petite coupe en plastique.
• Chaque enfant choisit son outil scripteur : vieux feutre usagé, Coton-tige, pique à brochette, plume…

Reproduire des éléments graphiques

• Présent et attentif, l'enseignant aide les enfants au cours de leur réalisation à mettre en mots ce qu'ils ont dessiné, à nommer les parties corporelles de l'animal, à compléter les parties manquantes…

2. Décorer l'animal

• Cette fois, ce sont de petits feutres de toutes les couleurs qui sont mis à la disposition des enfants. Que faire pour décorer l'animal de jolis dessins fins ?

• Les enfants, au cours d'un échange langagier bref, proposent de tracer des signes qu'ils connaissent et maîtrisent : points, croix, boucles, etc.

• L'enseignant met alors à la disposition des enfants le fichier graphique de la classe avec, sur chaque fiche, des graphismes différents :

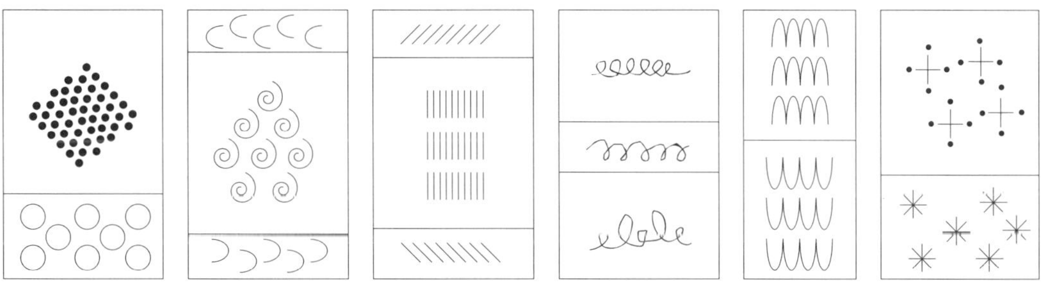

• Chacun a la possibilité de choisir un graphisme particulier et de le reproduire en s'aidant de la fiche graphique retenue.

• L'enfant doit pouvoir reproduire les signes graphiques en respectant leur tracé, en essayant de réduire la grandeur des signes, en occupant harmonieusement l'espace offert.

• L'enseignant doit être attentif à l'implication de l'enfant dans l'activité proposée : ici, il doit être capable d'un travail soigné et de longue haleine.

• L'enseignant observe la façon dont chacun se comporte dans la tâche : il encourage les plus malhabiles, guide le geste et la parole.

• Il aide aussi chacun à évaluer la part de travail effectué et ce qu'il reste à faire : il relance et dynamise. Il reprécise la consigne de l'activité graphique si nécessaire et encourage à poursuivre avec douceur et fermeté.

• En fin de réalisation, chacun découpe l'animal qu'il a dessiné et décoré : toutes les productions seront ensuite collées, dans un agencement esthétique et créatif, sur le panneau collectif fait de carton ondulé, préalablement peint.

• Le panneau, une fois achevé, sera offert à la classe des petits.

Évaluation

• L'enseignant évaluera si chaque enfant a respecté la consigne d'exécution.

• Il sera très attentif au soin mis dans la reproduction des graphismes, à la richesse et à la recherche dans leur tracé.

• Il notera la constance apportée par l'enfant dans la réalisation de la tâche : se tient-il à l'activité ? Trouve-t-il du plaisir à sa réalisation ?

« Du dessin au graphisme »

Reproduire des éléments graphiques

OBJECTIFS

- Maîtriser la préhension de l'outil, la pression, l'élan du geste et sa précision.
- Reproduire des éléments graphiques dans un tracé de plus en plus maîtrisé.
- Anticiper la trace, le geste.

NOMBRE D'ENFANTS

- Temps collectif suivi d'un travail en groupe de 6 enfants.

DURÉE

- Plusieurs fois 20 minutes.

MATÉRIEL

- Panneau collectif 1 m x 60 cm en carton ondulé.
- Peinture et gros pinceaux plats.
- Feuilles de papier dessin 50 x 60 cm, blanches.
- Feutres de couleurs, gros et fins.
- Des ciseaux, de la colle.
- Le fichier référence de la classe.

Stratégie

Un projet d'élevage a été amorcé en classe, sur un animal tel que l'escargot, la poule, le lapin nain… La classe se propose de faire un panneau collectif décoratif, où l'animal figurera en bonne place. Ce panneau sera destiné à la décoration du dortoir des petits : il leur sera offert.

1. Dessiner l'animal

• L'enseignant explique aux enfants comment on va procéder pour réaliser le panneau collectif. Tous les enfants de la classe participent à cet échange.

• On va dessiner sur de grandes feuilles de 50 cm x 60 cm, avec un gros feutre, l'aspect général de l'animal. On va ensuite le décorer avec de nombreux graphismes pour l'agrémenter. Enfin, on découpera le contour de l'animal lorsqu'il sera complet et on le collera sur le panneau.

• Six enfants sont choisis pour participer à cet atelier. Les autres enfants y viendront aussi, en cours de semaine.

• Les 6 enfants sont regroupés autour d'une table. Avant de distribuer le matériel nécessaire aux enfants, l'enseignant organise un temps d'entretien destiné à la perception que les enfants ont de l'animal étudié : mode de vie ; aspect général ; mode de locomotion, nombre de pattes, pied de l'escargot ; éléments caractéristiques de l'animal : antennes, crête, ailes, queue, etc.

• L'enseignant redonne la consigne de réalisation : « Dessiner, avec un gros feutre, la poule, l'escargot, le lapin, dans son aspect général en occupant toute la feuille de dessin. »

Utiliser des formes pour paver

• Un court entretien permet d'expliciter le mode de tri adopté.

2. Réaliser une mosaïque

• Le maître rappelle le projet de réalisation d'une fresque sous forme de mosaïque et rassemble un groupe de 6 enfants pour y travailler. Les autres enfants sont répartis sur des ateliers diversifiés fonctionnant sur le même temps.

• Les enfants ont à leur disposition un grand panneau de papier Kraft de 60 cm x 1 m.

• L'enseignant rappelle la consigne : « Couvrir la surface proposée en collant les formes les unes contre les autres pour faire une mosaïque. »

• Les enfants s'activent à l'agencement des formes et au collage, en travaillant sur une partie du support, seuls ou à plusieurs.

• L'enseignant, observateur, regarde les stratégies adoptées par chacun pour organiser la mise en espace des formes : prise en compte des côtés convexes ou concaves, grandeur des pièces, couleurs…

• En fin de séance, un entretien a lieu pour repréciser le mode de fonctionnement de chacun, conformément à la consigne donnée par le maître : des termes géométriques sont utilisés pour nommer les formes.

• Le panneau est « critiqué » : a-t-on rempli tout l'espace de la feuille, manque-t-il des pièces sur la création ?

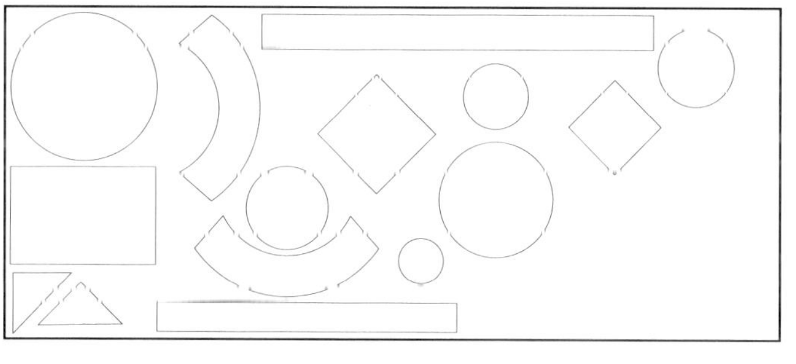

ÉVALUATION

• Les enfants ont-ils respecté les consignes du maître ?

• Sont-ils capables d'identifier et de nommer quelques formes, en particulier des formes géométriques simples comme le rond, le carré ?

• Parviennent-ils à organiser une mosaïque régulière dans la mise en espace ?

CONNAISSANCE DES FORMES

« *Identifier et trier des formes planes* »

Utiliser des formes pour paver

OBJECTIFS
- **Identifier, trier et différencier des formes planes.**
- **Savoir comparer des figures simples.**

NOMBRE D'ENFANTS
- **Regroupement de 8 enfants en atelier mathématique.**

DURÉE
- **Plusieurs fois 20 minutes.**

MATÉRIEL
- **Des formes planes diverses, en grand nombre, prédécoupées dans de la cartoline de couleur.**
- **Des boîtes en carton petit format du type « fond de pots pour bébés ».**
- **Une grande feuille de papier Kraft de format 60 cm x 1 m.**
- **De la colle blanche.**

Stratégie

Les enfants ont pu admirer des mosaïques à travers des reproductions d'œuvres anciennes : mosaïques romaines, grecques, etc.
Ils ont pour projet la réalisation d'une grande fresque pour la salle de jeu.
La définition du mot mosaïque est recherchée et lue dans un dictionnaire : « Décoration faite d'un assemblage de fragments aux formes diverses et colorées, fixées sur un support par collage ou ciment. »
L'enseignant se propose de reprendre le projet des enfants et de l'associer à des activités mathématiques, afin de réaliser cette fresque murale sous forme d'une mosaïque.
On décide d'utiliser, pour la création, des formes variées et planes.

1. Trier les différentes formes

• L'enseignant organise la classe en ateliers ; un d'entre eux va travailler sur le projet « mosaïque ».
• Il dispose sur une table, une grande boîte remplie de nombreuses formes diverses, car il faut que les enfants aient matière à manipuler, ranger, trier…
• Il réunit 8 enfants qui reçoivent pour consigne de trier ces formes et de les placer dans des boîtes différentes pour une manipulation ultérieure plus facile.

Du plus grand au plus petit

2. Trier les ronds par grandeur

• L'enseignant forme à nouveau un atelier de 6 enfants.

• Il donne cette fois pour consigne de trier tous les ronds par grandeur en formant des piles : pile des grands ronds, des ronds moyens, des petits ronds.

• Les enfants s'organisent pour ce tri : certains font le choix de travailler seuls et de placer devant eux des piles correspondant aux trois tailles de ronds ; d'autres coopèrent et trient ensemble selon un autre critère de classement.

• Un temps d'échange verbal a lieu avec le maître.

• L'enseignant amène les enfants à utiliser un vocabulaire adéquat et précis pour décrire leurs actions : des termes comme *grand, moyen, petit,* des adjectifs liés aux couleurs sont employés, ainsi que des verbes d'action : *aligner, poser, empiler, ajouter, enlever.*

• On remarque que les piles comportent plus ou moins de ronds ; on compare la hauteur des piles.

3. Créer après avoir vu une œuvre de Vasarely

• Une reproduction d'une peinture de Vasarely est montrée aux enfants : ceux-ci font la remarque que l'on semble y voir des formes « posées les unes sur les autres, du plus grand au plus petit ».

• L'enseignant propose aux enfants de créer un effet similaire en utilisant les formes rondes mises à leur disposition.

• Il donne pour consigne de superposer trois ronds de tailles différentes en alternant les couleurs.

• Les enfants recherchent parmi les formes rondes offertes celles qui peuvent s'agencer pour répondre à la consigne du maître : ils tâtonnent, positionnent une pièce, constatent qu'elle ne s'adapte pas, en recherchent une autre et réajustent leurs gestes pour parvenir à l'effet visuel escompté.

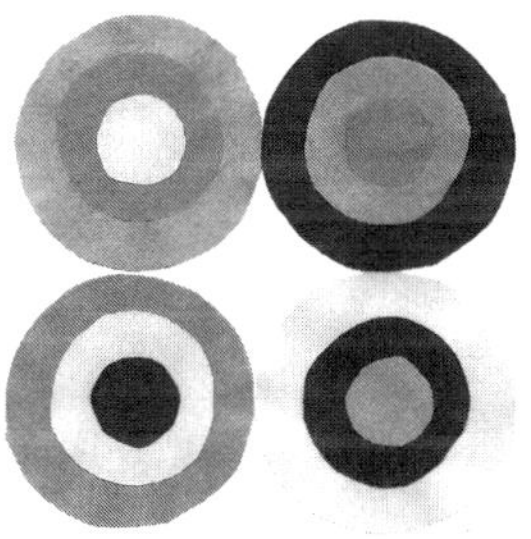

• La manipulation achevée, les ronds sont collés les uns par-dessus les autres avec soin.

• L'enseignant observe la façon dont chacun tâtonne et fait varier tailles et couleurs.

• Il incite les enfants à mettre en mots les actions engagées et le but poursuivi. Il exige l'utilisation de phrases explicites ; il aide à leur reformulation.

• Les productions individuelles sont ensuite rassemblées et collées sur une grande feuille de Canson rouge de format 50 x 60 cm. Le panneau est exposé en classe après avoir été admiré et « jugé » par le groupe classe sur un temps de langage collectif. La réalisation est-elle en conformité avec le projet que la classe avait formulé ?

ÉVALUATION

• L'enseignant se montre attentif aux repères que l'enfant prend sur le matériel proposé : notion de forme, de couleur ou de taille.

• Il apprécie la maîtrise que l'enfant a de la notion « grand, moyen, petit », et des classements possibles.

• Il note le vocabulaire employé par chacun : utilisation de termes plus ou moins précis et géométriques.

CONNAISSANCE DES FORMES

« Agencer des formes rondes »

Du plus grand au plus petit

OBJECTIFS

- **Identifier la forme ronde.**
- **Savoir nommer et définir le matériel donné à manipuler : couleur, grandeur.**
- **Apprendre du vocabulaire spécifique : grand – moyen – petit.**
- **Acquérir la notion de recouvrement, de superposition.**

NOMBRE D'ENFANTS

- **Groupe de 6 enfants sur le temps des ateliers.**

DURÉE

- **Plusieurs fois 20 minutes.**

MATÉRIEL

- **Ronds de cartoline rose, violette, orange, noire, en trois tailles (7 cm, 5 cm, 3 cm de diamètre).**
- **Une feuille de Canson rouge de 50 x 60 cm.**
- **De la colle.**

Stratégie

Les enfants ont à leur disposition un grand nombre de ronds de cartoline de différentes couleurs : rose, orange, violet, noir.
Une situation problème est posée au groupe classe : que faire de tous ces ronds de couleurs ? Les enfants proposent de les utiliser pour faire des personnages et exécuter des collages.
L'enseignant recueille les propositions et décide de reprendre l'activité au niveau d'un atelier.

1. Manipuler les formes

• Les formes rondes sont mises à la disposition d'un groupe de 6 enfants.
• Un jeu libre s'organise spontanément au niveau du groupe : les enfants trient les ronds, les organisent dans l'espace, les alignent par couleur, forment des dessins (bonshommes, ours…) en positionnant les ronds les uns à côté des autres ou en recouvrement partiel.

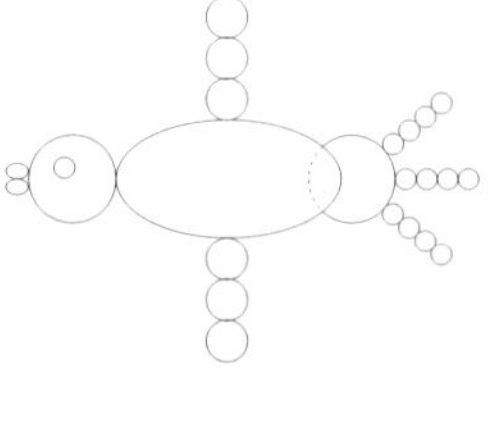